Karl Friedrich Schinkel

Rainer Haubrich

KARL FRIEDRICH SCHINKEL

Seine Bauten in Berlin und Potsdam

nicolai

Das Frontispiz zeigt eine Figurengruppe von Schinkels Schlossbrücke und seine Friedrichswerdersche Kirche im Hintergrund.

Unser Newsletter und unsere Facebook-Seite informieren Sie über aktuelle Bücher und alle anderen Neuigkeiten unseres Verlags.

www.nicolai-verlag.de

nicolai *Der Hauptstadtverlag*

© 2013 Nicolaische Verlagsbuchhandlung GmbH, Berlin
Lektorat: Astrid Treusch
Herstellung: Virginia Illner

Printed in the EU

ISBN 978-3-89479-779-9

INHALT

Standbild Schinkels von Friedrich Drake aus dem Jahre 1869 auf dem Schinkelplatz.

EINLEITUNG

Karl Friedrich Schinkel – Leben, Werk, Wirkung

Er gilt als der bedeutendste deutsche Architekt des 19. Jahrhunderts: Karl Friedrich Schinkel. So steht es in den Handbüchern. Aber man könnte die Einschränkung »des 19. Jahrhunderts« auch weglassen. Denn in der gesamten deutschen Baugeschichte gibt es kaum jemanden, der es aufnehmen könnte mit der Größe und Qualität seines Lebenswerkes, mit seiner vielfältigen Begabung, mit seiner Produktivität und seiner anhaltenden Wirkung.

Karl Friedrich Schinkel gelangen innerhalb einer kurzen Zeitspanne ungewöhnlich viele Meisterwerke, vor allem in Berlin und Potsdam. Das Alte Museum am Lustgarten oder das Schauspielhaus am Gendarmenmarkt findet man in fast jeder Darstellung der Weltarchitektur. Schinkel war außerdem ein talentierter Maler. Welchem anderen Baukünstler ist je ein so tief im kollektiven Gedächtnis verwurzeltes Bild gelungen wie Schinkel mit seinem sternflammenden Bühnenprospekt für die Königin der Nacht in der »Zauberflöte«? Er entwarf Interieurs und Möbel, von denen manche bis heute hergestellt werden. Als oberster preußischer Baubeamter überwachte er alle staatlichen Projekte von Aachen bis Königsberg und korrigierte sie oft eigenhändig, wodurch er den Stil öffentlicher Bauten im ganzen Königreich beeinflusst hat. Und er gilt als einer der Pioniere des staatlichen Denkmalschutzes. Schließlich prägte er eine lange Reihe bedeutender Schüler, sogar eine nach ihm benannte Bautradition, die »Schinkelschule«. Kein anderer deutscher Architekt dürfte beim Publikum populärer sein als er.

Schinkels Erbe ist so vielfältig und universal, dass sich bis heute Architekten ganz unterschiedlicher Prägung auf ihn berufen. Den Anhängern der klassischen Moderne gilt er als der große »Wegbereiter«, der mit der Bauakademie in Berlin, diesem würfelförmigen, gerasterten Kubus, gegen Ende seines Lebens

Schinkels berühmtester Bühnenbildentwurf entstand 1816 für eine Inszenierung von

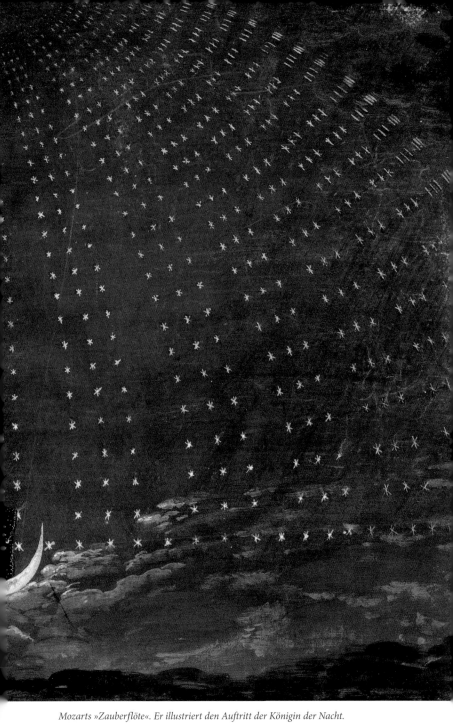

Mozarts »Zauberflöte«. Er illustriert den Auftritt der Königin der Nacht.

die jahrhundertealten, klassischen Architekturprinzipien »überwunden« habe (als wenn es da etwas zu überwinden gäbe). Dabei macht ihn der Begriff des »Wegbereiters« zu klein, impliziert dieser doch, dass Schinkel nur der Vorläufer, der Steigbügelhalter einer späteren, viel glorreicheren Epoche gewesen sei, namentlich des Bauhaus, in dem aus Sicht der Moderne die Architekturgeschichte gipfelt.

Die avantgarde-fixierten Baukünstler konzentrieren sich ganz auf Schinkels Interesse an neuen Konstruktionstechniken und Materialien, sie wollen bei ihm einen permanenten Innovationsdrang entdeckt haben, den sie mit einem seiner bekanntesten Zitate belegen: »Überall ist man nur da wahrhaft lebendig, wo man Neues schafft.« Deshalb wird er auch gerne als Kronzeuge gegen jede Art von Rekonstruktion ins Feld geführt.

Eine gewagte These, wenn man bedenkt, mit welcher Begeisterung Schinkel den Fragment gebliebenen Kölner Dom besichtigte und sich für dessen stilgerechte Vollendung einsetzte. Er hatte sogar vor, antike Ruinen zu rekonstruieren. Gern wird auch unterschlagen, wie sich Schinkel dieses gewünschte »Neue« genau vorstellte: »Dieser neue Styl wird deßhalb nicht so aus allem vorhandnen u frühern heraustreten daß er wie ein Phantasma ist welches sich allen aufdringen u verständlich werden würde, im Gegentheil, mancher wird kaum das Neue Darinnen bemerken, dessen größeres Verdienst […] die consequente Anwendung einer Menge im Zeitläufte gemachter Erfindungen werden wird, die früher […] nicht kunstgemäß vereinigt werden konnten.« In diesem Begriff von Innovation finden sich auch traditionsorientierte Architekten wieder, die mit Recht darauf verweisen, wie tief verwurzelt in der Baugeschichte Schinkel stets blieb.

Selbst über die heute in der zeitgenössischen Architektur haufig beklagte kalte Abstraktion und den Mangel an Poesie hat sich Schinkel bereits Gedanken gemacht: »Sehr bald gerieth ich in den Fehler der rein radicalen Abstraction«, schreibt er 1835 rückblickend über einige seiner frühen Entwürfe, »wo ich die ganze Composition für ein bestimmtes Werk der Baukunst aus seinem nächsten trivialen Zweck allein und aus der Konstruction

Eine Konstruktion, die damals Aufsehen erregte: Für das Palais des Prinzen Albrecht in Berlin entwarf Schinkel 1830 ein repräsentatives Treppenhaus aus Gusseisen. Damit machte er das neue Material in Deutschland hoffähig.

entwickelte, in diesem Falle entstand etwas Trockenes, Starres das der Freiheit ermangelte und zwei wesentliche Elemente: das Historische und das Poetische, ganz ausschloß. Ich forschte weiter, sah mich aber sehr bald in einem großen Labyrinth gefangen: wo ich abwägen musste wie weit das rationelle Prinzip wirksam seyn müsse, um den Trivialbegriff des Gegenstandes festzuhalten, und wie weit andererseits jenen höheren Einwirkungen von geschichtlichen und artistischen, poetischen Zwecken der Eintritt dabei gestattet werden dürfte um das Werk zur Kunst zu erheben.«

So viel ist jedenfalls klar: Ein Revolutionär seiner Zunft war Schinkel nicht. Was die Kühnheit betrifft, blieb er hinter den Visionen der französischen Revolutionsarchitekten und seines Lehrers Friedrich Gilly zurück. Das Greek Revival, die Neogotik und Eisenkonstruktionen entstanden schon Mitte des 18. Jahrhunderts in England und wurden auf deutschem Boden erstmals durch Friedrich Wilhelm von Erdmannsdorff in Wörlitz rezipiert. Selbst den Berliner Klassizismus hat Schinkel nicht eröffnet, das tat Carl Gotthard Langhans mit seinem Brandenburger Tor. Und spätere bahnbrechende Neuerungen wie der Londoner Glaspalast von 1851, eine Messehalle aus modularen Eisen- und Glaselementen, kündigen sich in Schinkels Werk nicht an. Es ließe sich allenfalls seine große Eisentreppe im Prinz-Albrecht-Palais nennen, mit der er das neue Material in Berlin hoffähig machte.

Dass Schinkel vor der radikalsten Architektur seiner Zeit zurückschreckte, illustriert am anschaulichsten sein Tagebucheintrag während der Englandreise 1826, wo er in Manchester die schlichten, neunstöckigen Fabrikgebäude aus Backstein besichtigte. Auf ihn machten sie einen »schrecklich unheimlichen Eindruck: ungeheure Baumasse von nur Werkmeistern ohne Architektur und fürs nackteste Bedürfnis allein«, notiert er in seinem Tagebuch. Der Verzicht auf Profilierung und Ornament, auf eine künstlerische Gestaltung – das hieß für ihn: »ohne Architektur«! Seine Antwort auf die Erfahrungen in England war die Bauakademie: modern gerastert zwar, mit vier gleichen Seiten, aber zugleich sorgfältig gegliedert und geschmückt mit detailreichen Terrakotta-Reliefs, in denen Schinkel die Geschichte der Baukunst erzählt.

Was Schinkels Größe ausmacht, ist die souveräne Synthese aus griechischer und römischer Antike, aus Romanik, Gotik und Ansätzen von industrieller Bauweise; es sind die Freiheit und Fantasie, mit der er die verschiedenen Überlieferungen zu etwas Neuem vereint; es ist das sichere Auge für stimmige Proportionen und ausgewogene Komposition, für die Einbettung der Bauwerke in die Natur oder das städtische Umfeld; es ist die Suche nach dem Wesen der Architektur. Dabei war ihm Schönheit das höchste Ziel. Bettina von Arnim nannte Schinkel einen »enthusiastischen Weltverschönerer«, und in seinen Schriften ist »schön« das meistverwendete Adjektiv. Gelegentlich häuft es sich geradezu: »Der Mensch bilde sich in Allem schön, damit jede von ihm

Eine Seite aus Schinkels Tagebuch seiner Englandreise 1826. Sie gibt seine Eindrücke in Manchester wieder, wo er die damals modernsten Fabriken besichtigte. Die Zeilen 3 bis 5 enthalten eine später vielzitierte Passage: »Es macht einen schrecklich unheimlichen Eindruck: ungeheure Baumasse von nur Werkmeistern ohne Architektur und fürs nackteste Bedürfnis allein und aus rotem Backstein aufgeführt.«

ausgehende Handlung durch und durch in Motiven und Ausführung schön werde. Dann fällt für ihn der Begriff von Pflicht in dem gröberen Sinne, welcher von schwerer Pflicht, drückender Pflicht u.s.w. spricht, ganz fort, und er handelt überall in seligem Genuß, der die nothwendige Folge des Hervorbringens des Schönen ist. Mit anderen Worten: jede Handlung sei ihm eine Kunst-Aufgabe. – So hat er die Seeligkeit auf Erden.« Ein »Veredler aller menschlichen Verhältnisse« wollte er sein, überzeugt davon, dass ästhetische Bildung auch eine sittliche sei und dass der Bürger erst durch sie zur Freiheit fähig werde.

Neben seinem Werk, das bestens dokumentiert und bis in alle Ecken und Enden erforscht ist, gibt es nur spärliche Informationen über den Menschen Karl Friedrich Schinkel. Wie er ausgesehen hat, ist jenseits der idealisierten Darstellungen durch einige lebensechte Porträts belegt. Sein Freund Gustav Friedrich Waagen beschreibt ihn so: »Die Züge von Schinkel waren nicht schön, doch sprach sich darin ein sehr bestimmter Charakter aus; die dunklen Augen waren von einem seelenvollen Feuer. Im Körperbau von etwas mehr als mittlerer Größe, wie in den Bewegungen, hatte er etwas sehr Elegantes.« Schinkel machte wenig Aufhebens um seine Person, es gibt kaum private Reflexionen in seinen Tagebüchern und Briefen. Zeitgenossen beschreiben ihn als einen angenehmen, liebenswürdigen Menschen, immer etwas rastlos, schnell in der Auffassung und bei allem, was er in Angriff nahm. Negative Äußerungen über ihn sind kaum zu finden. Abenteurertum oder Exzentrik waren ihm fremd, er lebte bescheiden und bürgerlich und ging vollständig in seiner Arbeit auf, als pflichtbewusster Baubeamter und als Künstler – bis zur völligen Erschöpfung.

Wie wurde Karl Friedrich Schinkel zum größten Architekten Preußens? Geboren ist er am 13. März 1781 im brandenburgischen Neuruppin in eine weitverzweigte Familie überwiegend von Pfarrern, sein Vater ist Superintendent. Im Alter von sechs Jahren erlebt er einen Großbrand, der seine Heimatstadt fast vollständig vernichtet. Der Vater überhitzt sich und stirbt wenig später. Im Jahre 1794 zieht der 13-Jährige mit der Mutter nach Ber-

»Die Züge von Schinkel waren nicht schön, doch sprach sich darin ein sehr bestimmter Charakter aus«, schrieb ein Zeitgenosse. Porträt von Carl Ludwig Friedrich Schmid aus dem Jahre 1832. Damals war der Architekt 51 Jahre alt.

lin, wo er mit mäßigem Erfolg das angesehene Gymnasium zum Grauen Kloster besucht. Die preußische Hauptstadt zählt damals rund 160.000 Einwohner, das Zentrum ist noch von einem Festungsgraben umgeben, aber jenseits davon erstrecken sich schon die Vorstädte: im Westen bis zum Tiergarten, im Norden bis zur Torstraße, im Osten bis zum Frankfurter Tor, im Süden bis zum Halleschen und Kottbusser Tor. Jüngste Sehenswürdigkeit ist das Brandenburger Tor, das Carl Gotthard Langhans 1791 vollendet hatte.

Mit 16 Jahren sieht Schinkel in einer Ausstellung der Akademie der Künste den Entwurf des neun Jahre älteren Architekten Friedrich Gilly für ein Denkmal Friedrichs des Großen auf dem Leipziger Platz, ein monumentaler Tempeldistrikt im Stile der französischen Revolutionsarchitektur. Dort soll Schinkel

den Entschluss gefasst haben, Architekt zu werden. Gegen den Willen der Mutter bricht er die Schule ab, um eine Ausbildung beim Baumeister David Gilly und dessen Sohn Friedrich zu machen. Dieser wird ihm zu einem Freund und Mentor und entfacht u. a. Schinkels Interesse für die Gotik. Aber Friedrich Gilly stirbt schon mit 28 Jahren, nur wenige Monate nach dem Tod von Schinkels Mutter. Mit 19 Jahren hat Schinkel bereits seine Eltern und seinen wichtigsten Lehrer und Freund verloren, auch die jüngste Schwester und der Bruder waren früh gestorben. Mancher Biograf sieht in diesen traurigen, vielleicht traumatischen Erlebnissen seiner Jugend einen Grund für die tiefe Sehnsucht Schinkels nach Harmonie und Schönheit.

Nach Gillys Tod beendet Schinkel sein ein Jahr zuvor begonnenes Studium an der Bauakademie, um die Projekte seines Freundes zu Ende zu führen. Ersparnisse aus dieser Zeit und eine kleine Erbschaft ermöglichen dem 22-Jährigen seine erste Italienreise gemeinsam mit seinem Studienfreund Gottfried Steinmeyer. Sie sollte annähernd zwei Jahre dauern – von Mai 1803 bis März 1805. Über Dresden, Prag, Wien und Triest geht es nach

16

Beim Anblick dieses Gemäldes soll Schinkel den Beschluss gefasst haben, Architekt zu werden. Es zeigt Friedrich Gillys Entwurf für ein Denkmal Friedrichs des Großen auf dem Leipziger Platz von 1797.

Venedig. Schinkel skizziert unermüdlich, häufiger Landschaften als Gebäude, und begeistert sich mehr noch als für die antiken Ruinen für die von ihm »sarazenisch« genannten romanischen Bauwerke. Im Oktober erreicht er Rom – ein überwältigendes Erlebnis: »Tausendmal versuchte man auszusprechen, was der Geist auf diesem Fleck empfand, und häufte fruchtlos leere Töne«, schreibt Schinkel in seinem Tagebuch. »Weise ist's zu schweigen, denn über das Erhabenste klingt jedes Wort gemein.« Er lernt die deutsche Künstlerkolonie mit den besten Malern seiner Zeit kennen und macht dem dortigen preußischen Gesandten am päpstlichen Stuhl, Wilhelm von Humboldt, dem späteren Minister und Bildungsreformer Preußens, seine Aufwartung – ein für ihn bald wichtiger Förderer. Nach einem halben Jahr geht es weiter nach Neapel und Sizilien, wieder nach Rom zurück, dann über Genua nach Paris, wo er sich während der Kaiserkrönung Napoleons aufhält. In der französischen Hauptstadt begeistert ihn am meisten der Besuch des Louvre, die gesellschaftlichen Umwälzungen

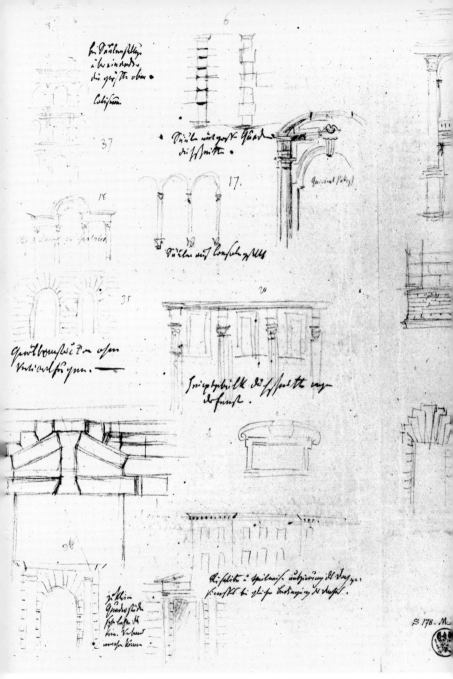

Eine Skizze Schinkels für sein geplantes Lehrbuch, das Fragment blieb. Sie gehört zum Kapitel »Architektonische Fehler«. Oben links (Nr. 37) steht eine Bewertung des »Coliseums« in Rom: »bei Säulenstellungen übereinander die größte oben«.

18

kommentierte er nicht, wie überhaupt keine Äußerungen zur Tagespolitik von ihm überliefert sind.

Knapp zwei Jahre und einige Schlachten später marschiert der große Korse im Oktober 1806 in Berlin ein, die Stadt ist besetzt, das preußische Königspaar nach Osten geflohen. Schlechte Zeiten für Bauaufträge. Schinkel widmet sich einer neuen Kunstgattung, die sich in Berlin wachsender Beliebtheit erfreut: Rundgemälde mit Motiven aus aller Welt, sogenannte Panoramen, die man gegen ein Eintrittsgeld besichtigen kann. Schinkels Darstellung von Palermo wird ein großer Erfolg, und während der Weihnachtstage 1809 besucht die zurückgekehrte Königin Luise mit ihrem Gatten eines der Schaubilder. Der Veranstalter Carl Gropius beschreibt die Szene so: »Die Königin wünschte die Erklärung aus Schinkels Munde zu hören, und es war dies die Gelegenheit, von wo ab Schinkels bisher sehr beschränkte Stellung eine andere wurde.« Ein Jahr später erhält er von ihr den Auftrag zur Ausstattung privater Gemächer. Schinkels Name wird für jedermann ein Begriff, als er im Winter 1812 ein Schaubild des brennenden Moskau während Napoleons Russlandfeldzug malt – drei Monate nach dem historischen Ereignis. Die Szenerie wird von Fackeln hinter der Leinwand dramatisch erleuchtet, von kleinen, beweglichen Figuren belebt und von Chorgesang begleitet. Schon um sechs Uhr morgens stehen die Menschen Schlange vor dem Gropius'schen Theater, wie ein Zeitzeuge notiert. Es ist eine ganz neue, populäre Art der Vergnügung, die aber bei den Eliten als populistisch gilt. 1814 schreibt Achim von Arnim an Clemens Brentano, Schinkel sei zwar fleißig, befasse sich aber immer noch mit diesem »Dreck«.

1809 verstetigt sich das Leben des 28-Jährigen: Er heiratet die Stettiner Kaufmannstochter Susanne Berger, mit der er vier Kinder bekommen sollte, und erhält auf Vermittlung Wilhelm von Humboldts bald eine feste Anstellung als Geheimer Oberbau-Assessor in der Technischen Oberbaudeputation. Schinkel hat gut zu tun mit kleineren Projekten, er schreibt zahlreiche Gutachten, malt Ölbilder, die in den Akademie-Ausstellungen gezeigt werden, und beschäftigt sich mit dem Entwurf für einen großen

Schinkel war auch ein talentierter Maler: Seine Architekturfantasie »Gotischer Dom

am Wasser« entstand 1813. Das Gemälde ist nur noch in zwei Kopien erhalten.

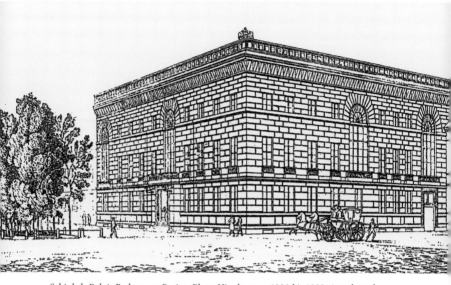

Schinkels Palais Redern am Pariser Platz. Hier hatte er 1830 bis 1833 einen barocken Vorgängerbau in den Formen der Renaissance umgestaltet. Das Palais wurde 1906 für den Neubau des Hotels Adlon abgerissen.

gotischen Dom auf dem Leipziger Platz als Denkmal der Befreiungskriege – ein sprechendes Zeugnis seines national gesinnten Patriotismus. Den Außenbau sollen Figuren »durchlauchter Herren des preußischen Hauses« schmücken, das Portal »Helden und Staatsmänner älterer und neuerer Zeit«, das Langhaus »ausgezeichnete Religiöse, Gelehrte und Künstler«. Es bleiben sogar Plätze frei für künftige Heroen, »und so würde dies Gebäude, ebenso wie es mit den alten Monumenten des Vaterlandes geschah, noch Jahrhunderte hindurch Verschönerungen und Bereicherungen erhalten«. Als der König eine Auszeichnung für Verdienste im Kampf gegen Napoleon stiftet, das Eiserne Kreuz, soll Schinkel die Form gestalten. Entsprechend verändert er auch den Trophäenstab der Quadriga auf dem Brandenburger Tor: Das Eiserne Kreuz mit Eichenlaub und Adler ersetzt den ursprünglichen Lorbeerkranz.

Es dauert bis zum Jahre 1816, bis der 35-Jährige seinen ersten bedeutenden Auftrag erhält: die Neue Wache Unter den Linden.

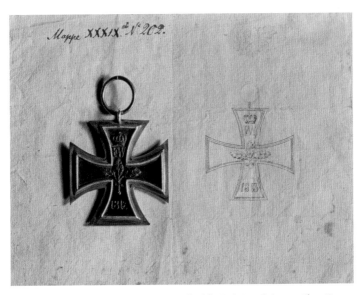

1813 entwarf Schinkel das vom König im Verlauf der Befreiungskriege gestiftete Eiserne Kreuz. Es war die erste Auszeichnung in Deutschland, die ohne Rücksicht auf Stand, Herkunft oder Dienstgrad verliehen wurde.

Im selben Jahr beginnt mit seinen Bühnenbildern für die »Zauberflöte« eine über viele Jahre andauernde Tätigkeit als Bühnenbildner. 1817 legt er dem König einen Bebauungsplan für Berlins Zentrum vor, den ersten dieser Art. Schinkel hofft, dass »durch diesen Plan [...] eine Menge nicht mehr zu ertragender Kreuz- und Quergriffe und zerstreute einzelne Bestimmungen über die Formen der Stadt vertilgt werden«. Es beginnen die produktivsten anderthalb Jahrzehnte seines Architektenlebens, in denen er in dichter Folge Bauwerke vollendet. Um nur die wichtigsten zu nennen: 1821 Schauspielhaus und Kreuzberg-Denkmal, 1824 Schlossbrücke und Schloss Tegel, 1825 Neuer Pavillon im Schlosspark Charlottenburg, 1827 Schloss Charlottenhof und Schloss Glienicke, 1830 Friedrichswerdersche Kirche und Museum am Lustgarten; 1831 entwirft er die Bauakademie. Schinkels Pensum entspricht der rasanten Entwicklung, die die preußische Hauptstadt damals nimmt. Schätzungen zufolge verdreifachte sich zwischen 1810 und 1840 die Zahl der Gebäude in der Stadt.

Zugleich macht Schinkel Karriere in der preußischen Bauverwaltung, geht auf seine zweite Italienreise, lernt Frankreich besser kennen, studiert in England und Schottland neueste Bautechnologien. 1830 rückt der 49-Jährige an die Spitze der Behörde: Er wird Leiter der Oberbaudeputation, die nahezu alle staatlichen Bauvorhaben des Königreichs prüft. Deshalb geht er fast jedes Jahr auf ausgedehnte Dienstreisen durch die preußischen Provinzen, verfasst Gutachten, entwickelt Musterbücher für Handwerker und Manufakturen und arbeitet an einem architektonischen Lehrbuch, das aber Fragment bleibt (Abb. S. 18).

Als Architekt plant er in den 1830er-Jahren mehrere Großprojekte: Er entwirft die »Ideale Residenz eines Fürsten« mit gewaltigen Dimensionen; das Schloss Orianda auf der Krim für die russische Zarin, die Schwester des preußischen Kronprinzen; und einen Palast auf der Akropolis in Athen für den neuen Griechenkönig, Otto von Bayern. Ein bemerkenswertes Vorhaben, denn Schinkel – der nie in Griechenland war – plant hier erstmals eine Umbauung des Parthenon, der zwei Jahrtausende alten Ikone antiker Architektur. Der Tempel sollte aber das dominante Bauwerk des Burgbergs bleiben: Die neuen Gebäude, schreibt Schinkel, »schließen sich mehr in malerischer Gruppierung den ursprünglichen Anlagen […] an, als daß die ganz neue Anlage mit der alten in einem modern prätentiösen Contrast aufzutreten sich unterfinge«. In diesen späten Entwürfen führt Schinkel nicht den Weg der Vereinfachung und Rasterung fort, den er mit der Bauakademie beschritten hatte. Sein Altersstil ist geprägt von einem fantastischen Klassizismus, einer gesteigerten Üppigkeit, Farbenpracht und Ornamentierung. Schinkel hat keine dieser Fantasien realisieren können, aber sie leuchten in manchen Werken seiner Schüler auf, etwa in Friedrich August Stülers Neuem Museum.

Von den späten 1820er-Jahren an macht sich Schinkels enorme Arbeitsbelastung körperlich bemerkbar, er klagt über anhaltende Brust- und Kopfschmerzen und Lähmungserscheinungen. Kuraufenthalte bringen kaum Linderung. Das entgeht auch seiner Umgebung nicht, und der Kronprinz interveniert beim König, damit Schinkel als Hofarchitekt nur noch für den Monarchen

FAÇADE.

PERSPECTIVISCHE ANSICHT DES VESTIBULS UND DER TREPPE.

FAÇADE NACH ANDEREN VERHÆLTNISSEN.

Schinkel beschäftigte sich nicht nur mit herausragenden Bauwerken. Hier ein Entwurf für ein Wohnhaus im Straßenverband. Für die Fassade lieferte er zwei Varianten.

Für den neuen König Griechenlands, Otto von Bayern, entwarf Schinkel 1834 einen
Palast auf der Akropolis in Athen. Die größte Tempelfront halbrechts stellt den antiken
Parthenon dar. Dies war eines von Schinkels opulenten späten Projekten, die nicht
realisiert wurden.

zu arbeiten braucht und kürzer treten kann. Aber mit 59 Jahren ist er so ausgezehrt, dass er zusammenbricht und nach mehreren Schlaganfällen in einen Dämmerzustand fällt, der ein Jahr lang andauert. Seine Wohnung in der Bauakademie verlässt Schinkel nicht mehr, er stirbt dort am 9. Oktober 1841. Die Obduktion ergibt als Todesursache eine schwere Arteriosklerose der Hirngefäße. Drei Tage später wird er auf dem alten Dorotheenstädtischen Friedhof nördlich der Linden beigesetzt. Im April 1943 erfolgt die Umbettung in das bis heute erhaltene Grab auf dem neuen Dorotheenstädtischen Friedhof an der Chausseestraße. Als Grabstein wählte man einen Entwurf, den Schinkel Jahre zuvor für Sigismund Hermbstaedt gemacht hatte.

Der künstlerische Rang Schinkels wurde schon früh in seiner Karriere allgemein erkannt. Am Ende seines Lebens galt er als eine Instanz in Kunstfragen – weit über Preußen hinaus: Die Akademien in Paris, London, Stockholm und St. Petersburg hatten ihn im Laufe der Jahre zum Ehrenmitglied ernannt. Drei Monate nach Schinkels Tod kaufte Friedrich Wilhelm IV. den künstlerischen Nachlass. Auf Initiative des Monarchen wurde im zweiten Obergeschoss der Bauakademie ein Schinkel-Museum eingerichtet, das von 1844 bis 1873 bestand. Zahlreiche Schüler wie Friedrich August Stüler und Ludwig Persius, Johann Heinrich Strack, Friedrich Hitzig und Martin Gropius folgten Schinkels Vorbildern bis ins späte 19. Jahrhundert, während er den meisten Architekten der Gründerzeit und des Wilhelminismus als zu schmucklos galt, als überholt. Ohne viel Aufhebens wurde 1893 der von Schinkel umgebaute Dom am Lustgarten für den Neubau Raschdorffs abgerissen, am Pariser Platz verschwand das von ihm neu gestaltete Palais Redern (Abb. S. 22) zugunsten des Hotels Adlon, und im gleichen Jahr fiel sein Landhaus Wartenberg in Charlottenburg einer Straßenverbreiterung zum Opfer.

Frühmoderne Klassizisten wie Peter Behrens entdeckten Schinkel zu Beginn des 20. Jahrhunderts wieder und übersetzten seine Entwurfsideen in die Dimensionen der damaligen Industrie- und Verwaltungsgebäude. Das blieb nicht ohne Einfluss auf die Behrens-Schüler Walter Gropius und Ludwig Mies van

Schinkels Grab auf dem Dorotheenstädtischen Friedhof. Die Stele ließen Freunde nach einem Entwurf Schinkels für das Grabmal Hermbstaedt anfertigen.

der Rohe – wenn diese auch gegensätzlich reagierten: Gropius dachte anti-historisch und räumte als Professor in den USA die gesamte Baugeschichte aus der Bibliothek, während Mies das Werk Schinkels studierte und schätzte – in seinem Büro hing eine Darstellung des Aussichtstempels von Schloss Orianda. Auch die nationalsozialistischen Staatsarchitekten wie Paul Ludwig Troost beriefen sich auf den preußischen Klassizisten, Albert Speer wollte gar »ein zweiter Schinkel« werden.

Nach 1945 hatten die meisten Architekten nichts übrig für einen Eklektizisten wie Schinkel, der vor allem für Könige und Prinzen entworfen hatte; allenfalls seine Bauakademie wurde als entfernter Vorläufer des Bauhauses gewürdigt. Er galt sogar als »entschieden un-modern«, wie Peter Eisenman noch 1979 schrieb, »denn er war ein Klassizist«. Zu Schinkels 200. Geburtstag 1981 wurden ihm in Ost- wie West-Berlin große Ausstellungen gewidmet, es erschienen neue Publikationen. Aber eine echte Renaissance erlebte er erst in der Blütezeit der Postmoderne und seit der Neuentdeckung klassischer Bautraditionen in den 1990er-Jahren. Nicht zuletzt durch den Fall der Mauer ist Schinkels Bekanntheit und Bedeutung weiter gewachsen, wird er nun doch als derjenige Architekt wahrgenommen, der das Zentrum der wiedervereinten deutschen Hauptstadt prägt, der nach London und Paris meistbesuchten Metropole Europas.

Schinkels Erbe in Berlin und Potsdam ist trotz der Zerstörungen im Zweiten Weltkrieg heute dank glücklicher Fügung wieder so gut wie vollständig – jedenfalls äußerlich; von seinen Interieurs hat kaum etwas überlebt. Während fast alle Hauptwerke restauriert oder wieder aufgebaut wurden, fehlt bis heute ausgerechnet die Bauakademie, sein wichtigstes Spätwerk. Die Regierung der DDR hatte den ausgebrannten, aber in seinen Fassaden weitgehend intakten Backsteinkubus für den Neubau ihres Außenministeriums abgeräumt. Nach dessen Abriss ist der Standort wieder frei. Eine Rekonstruktion der Bauakademie am Schinkelplatz, gegenüber dem künftigen Humboldt-Forum im Berliner Schloss, wäre die größte Reverenz, die man dem bedeutendsten deutschen Architekten erweisen könnte.

*Bis heute werden
Produkte nach
Entwürfen Schinkels
hergestellt, zum Beispiel
die Schinkel-Leuchte,
der Schinkel-Korb
der Königlichen
Porzellan-Manufaktur
und der gusseiserne
Gartensessel.*

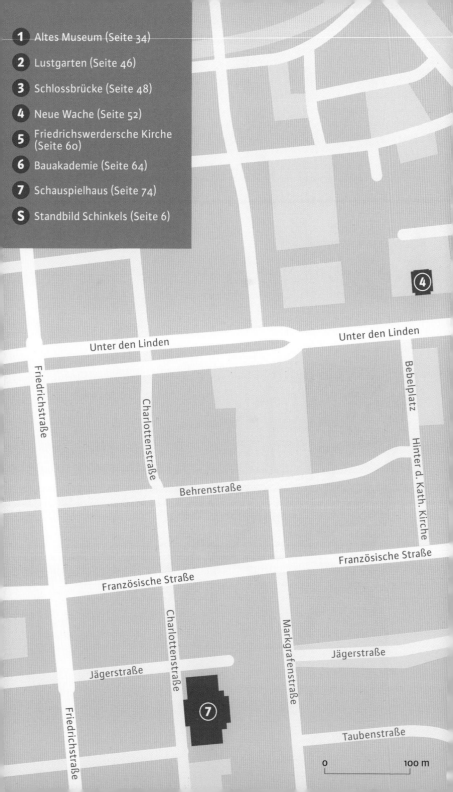

Unter den Linden

Unter den Linden

Friedrichstraße

Charlottenstraße

Bebelplatz

Hinter d. Kath. Kirche

Behrenstraße

Französische Straße

Französische Straße

Charlottenstraße

Markgrafenstraße

Jägerstraße

Jägerstraße

Friedrichstraße

Taubenstraße

0   100 m

Museumsinsel

Bodestraße

1

2

Am Lustgarten

Karl–Liebknecht–Straße

Am Zeughaus

Spree

3

Spreekanal

Schinkel–
platz

Unterwasserstraße

S

künftiges
Berliner Schloss/
Humboldt–Forum

Schinkelplatz

5

6

Werderscher Markt

Oberwasserstraße

Breite Straße

Oberwallstraße

Kurstraße

ALTES MUSEUM

Am Lustgarten, Berlin-Mitte
Entwurf 1823, Ausführung 1824–1828

Schinkel hat das Alte Museum als sein bestes Bauwerk bezeich-
net. Das prominenteste ist es auf jeden Fall: Im Herzen der Stadt
gegenüber dem Schloss und neben dem Berliner Dom gelegen,
bildete es mit diesen den prägenden architektonischen Dreiklang
des Zentrums: Königtum, Kirche und Kunst. Schließt man auch
das Zeughaus jenseits des Kupfergrabens mit ein, rundete das
Militär dieses Ensemble nach Westen ab. Es gab keinen bedeu-
tenderen Ort in Berlin.

   Das früher »Neues Museum« genannte Haus war der erste
öffentliche Museumsbau in Deutschland. Selbstbewusst stellte

Mit dieser Vision wollte Schinkel den König für ein neues Haus der Künste am Lustgarten gewinnen (v. l.): sein Museums-Entwurf, der alte Dom, die Schlossbrücke (damals noch im Bau) und das Schloss.

Schinkel es dem feudalen Schloss gegenüber, er wollte einen Ort der Bildung für alle schaffen, eine Stätte der ästhetischen Erziehung, die im damaligen Denken auch auf eine sittliche Erziehung zielte. Das Alte Museum wurde ein Hauptwerk des Klassizismus von europäischem Rang.

König Friedrich Wilhelm III. hätte das Museumsprojekt gerne zu günstigeren Konditionen realisieren lassen. Deshalb war 1822 zunächst erwogen worden, das Akademiegebäude Unter den Linden für die Präsentation der königlichen Kunstsammlung umzubauen. Aber dem Kronprinzen gelang es um die Jahreswende 1822/1823, den König von einem eigenständigen Museumsbau auf der Nordseite des neu zu gestaltenden Lustgartens zu überzeugen.

Die nördliche Spitze der Spreeinsel diente damals vor allem als Lager- und Stapelplatz und bot ein unansehnliches Bild. Schinkels

Idee war, den dort verlaufenden Verbindungskanal zwischen Spree und Kupfergraben zuzuschütten und mit einem Museumsbau an dieser Stelle dem Lustgarten eine dritte Platzwand zu geben. Dass dies der Auftakt zur späteren Museumsinsel sein würde, war damals noch nicht zu erahnen, denn das entsprechende Konzept einer »Freistätte für Kunst und Wissenschaft« wurde erstmals 1835 vom Kronprinzen, dem späteren Friedrich Wilhelm IV., skizziert.

In einer Denkschrift für den König vom Januar 1823 beschreibt Schinkel seinen Entwurf: »Was den Stil der Architektur betrifft, der sowohl im Äußeren als durch das ganze Innere herrscht, so war die Einfachheit der Hauptformen dabei der vorzügliche Gesichtspunkt. Die Ausdehnung des Platzes, auf dem das Gebäude steht, die Nachbarschaft des Königlichen Schlosses und des prächtigen Zeughauses verlangen großartige Verhältnisse.«

Schinkels Idee von Einfachheit und Großartigkeit manifestierte sich in einem breit gelagerten, dreigeschossigen Kubus mit einer monumentalen Vorhalle von 18 ionischen Säulen nach dem Vorbild antiker Hallen an öffentlichen Foren. Herzstück des Museums sollte eine kuppelbekrönte Rotunde nach Art des römischen Pantheons werden.

Um für seinen Vorschlag zu werben, zeichnete Schinkel 1823 eine verführerische Vision der neuen Staatsmitte (Abb. S. 34/35): Man erkennt links im Anschnitt das Zeughaus, rechts das Schloss, der Blick geht über Schinkels Schlossbrücke, die sich damals erst im Bau befand, über den von ihm ein Jahr zuvor umgebauten Dom hinüber zu seinem neuen Museum. Auch die Baumreihen links und rechts des Domportals sind zu dem Zeitpunkt nur ein Vorschlag. Hinten an der Lustgartenfront des Schlosses hat Schinkel zudem die Wirklichkeit geschönt: Die Fassaden des Apothekenflügels aus der Renaissance sind den Schlossfassaden angeglichen.

Über Schinkels Entwurf entbrannte in der königlichen Museumskommission ein Streit. Besonders die Rotunde wurde vom Archäologie-Professor Alois Hirt als unzweckmäßig kritisiert, sie sei zu teuer, zu prachtvoll und für die Aufstellung von Kunstwerken ungeeignet: »Die Gegenstände sind nicht des Baues wegen da, sondern der Bau hat sich nach den Gegenständen zu richten.«

Herzstück des Alten Museums ist die zentrale Rotunde. Schinkel entwarf sie nach dem Vorbild des Pantheons in Rom. Sie sollte den Besucher auf die Kunst einstimmen und ihn »empfänglich machen für den Genuss«.

Schinkel aber wollte, dass auch das Bauwerk an sich einen großartigen Eindruck auf das Publikum macht. Und dabei spiele die Rotunde eine zentrale Rolle, wie er Hirt antwortete: »Diesen Ort betritt man zuerst, wenn man aus der äußeren Halle hineingeht, und hier muß der Anblick eines schönen und erhabenen Raumes empfänglich machen und eine Stimmung geben für den Genuß und die Erkenntnis dessen, was das Gebäude überhaupt bewahrt.«

Schinkels Antwort auf die barocken Fassaden des Schlosses, das damals auf der anderen

Seite des Lustgartens stand: 18 ionische Säulen tragen die Vorhalle des Alten Museums.

Nachdem der König den Plan bewilligt hatte, mussten zunächst mehr als 3.000 bis zu 16 Meter lange Holzpfähle in den sumpfigen Boden gerammt werden. Darauf wurde der gewölbte Unterbau errichtet, der durch seine Nähe zu den Packhöfen »als Kellereien und Warenlager aller Art recht hoch zu vermieten« sei, wie Schinkel in seiner Denkschrift vorgeschlagen hatte; von diesen Einnahmen könnte der Unterhalt des Gebäudes bestritten werden. Dazu kam es zwar nicht, aber die Idee ist ein anschauliches Beispiel für Schinkels Fähigkeit, hohe Kunst mit Alltagstauglichkeit und Geschäftssinn zu verbinden.

Aus Kostengründen wurde der gesamte Bau aus Ziegelsteinen gemauert und verputzt, nur die 18 ionischen Säulen sind aus Sandstein. Schinkel reihte sie in dem nach herrschender Architekturlehre kleinsten möglichen Abstand nebeneinander und verzichtete auch auf den seit Palladio üblichen größeren Zwischenraum zwischen den zwei mittleren Säulen vor dem Eingang – was der Front eine gewisse Härte verleiht. Für die Gestaltung der Säulen wählte er wiederum besonders reich und schön verzierte Vorbilder der griechischen Antike. Vom Gebäudeschmuck realisiert waren bis zur Eröffnung des Museums 1830 die Adlerfiguren auf dem Gesims über jeder Säule der Vorhalle, die Kandelaber haltenden Genien an den Ecken sowie die Dioskuren zur Bekrönung des Gebäudes. Auf den seitlichen Mauern der Freitreppe hatte Schinkel zwei Reiterstandbilder vorgesehen, stattdessen wurden lange nach seinem Tod zwei Bronzegruppen mit Tierkampfszenen aufgestellt.

Den Übergang vom Lustgarten in die Ausstellungsräume hat Schinkel auf virtuose Art inszeniert. Über eine breite Freitreppe steigt man zur Vorhalle hinauf, die noch eher dem Außenraum zugeordnet ist. Ihre Rückwand ist geschlossen – bis auf fünf Durchgangsachsen in der Mitte. Durch diese gelangt man in ein Treppenhaus, das zu Schinkels originellsten Raumschöpfungen gehört. An der Schnittstelle zwischen Außen- und Innenraum führt es den Besucher in kreisenden Bewegungen hinauf, wobei sich mit jeder Wendung der Ausblick verändert und weitet, bis man, oben auf der Galerie angekommen, den gewaltigen ioni-

Die Wände der Vorhalle zierte bis zum Zweiten Weltkrieg ein Gemäldezyklus über die Bildungsgeschichte der Menschheit. Er wurde beim Wiederaufbau nicht rekonstruiert.

Entworfen von Schinkel.

Schinkels Zeichnung der offenen Galerie und des Treppenhauses hinter der Säulenfront – eine seiner originellsten Raumschöpfungen. Wie so oft zeigt er seine Bauwerke

von Besuchern bevölkert. In der Ferne erkennt man das Schloss und die Türme seiner Friedrichswerderschen Kirche.

schen Kapitellen Auge in Auge gegenübersteht und eine großartige Sicht auf den Lustgarten und die weitere Stadtlandschaft
genießt. Für seine »Sammlung Architektonischer Entwürfe« hat
Schinkel diesen außergewöhnlichen Raum gezeichnet – bevölkert mit neugierig staunenden Bürgern.

Im Zentrum des vierflügeligen Museumsbaus befindet sich
die Rotunde, 23 Meter hoch und 23 Meter im Durchmesser breit.
Sie ragt aus dem Kubus heraus, wurde aber äußerlich mit einem
quadratischen Aufbau kaschiert. Das religiös konnotierte Motiv
der Kuppel sollte wohl dem benachbarten Dom vorbehalten bleiben. Im Inneren tragen 20 korinthische Säulen eine umlaufen-
de Galerie. Zwischen den Säulen und auf der Galerie in flachen
Nischen stehen antike Plastiken. Die kassettierte Kuppel ist mit
gemalten Genien und Sternzeichen geschmückt und gipfelt in einem runden Oberlicht. Die Ausstellungsräume des Erdgeschos-
ses wurden durch doppelte Säulenstellungen unterteilt, für die
Gemäldesammlung im Obergeschoss gliederte Schinkel die Säle
erstmals durch Stellwände in Kabinette mit Seitenlicht – was von
Zeitgenossen als zu klein und gedrängt kritisiert wurde.

Neben der Architektur sollte auch die Dekoration von Vorhalle und Galerie den Zweck des Museums illustrieren: Schinkel
entwarf einen Freskenzyklus »Aus der Bildungsgeschichte des
Menschengeschlechtes«, dazu sollten in der Vorhalle Skulpturen
von »verdienstvollen Männern neuerer Zeit« aufgestellt werden.
Beides wurde erst nach Schinkels Tod in Angriff genommen und
bis 1861 verwirklicht.

Das Alte Museum wurde im Zweiten Weltkrieg schwer beschädigt und brannte aus. 1958 veranlasste die DDR-Regierung
den Wiederaufbau, der 1966 abgeschlossen wurde. Die äußere
Gestalt des Bauwerks wurde rekonstruiert, ebenso die Abfolge
von Vorhalle, Treppenhaus und Rotunde, deren Ausmalung sich
weitgehend am Original orientiert. Das Bildprogramm in Vorhalle und Galerie wurde nicht wiederhergestellt, auch die Skulpturen der Vorhalle kehrten nicht an ihren Standort zurück, und
die Ausstellungsräume wurden vollkommen neu gestaltet. 1979
bis 1982 erfolgte eine umfassende Renovierung des Hauses.

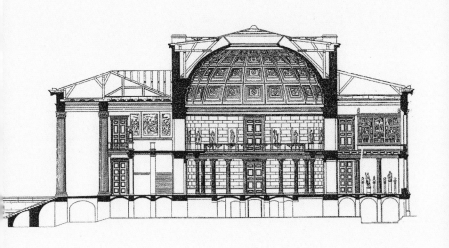

Der Querschnitt des Alten Museums verdeutlicht die Abfolge der Räume (v. l.): Vorhalle, Treppenhaus mit Galerie, Rotunde und Ausstellungsräume. Die Kuppel ist äußerlich nicht zu erkennen – wohl aus Respekt vor der Domkuppel.

Einen wesentlichen Eingriff in die Architektur bedeutete der Einbau einer Glasfront in die Zwischenräume der zweiten Säulenreihe im Jahre 1991 aus museumspraktischen Erwägungen. Dadurch wird ein einziger, kontrollierbarer Zugang geschaffen und ein geschlossener Rundgang durch die Ausstellungsbereiche hergestellt. Aber das Erlebnis des von Schinkel erdachten sukzessiven Übergangs von außen nach innen ist seitdem erheblich beeinträchtigt.

Im Rahmen des Masterplans Museumsinsel soll das Alte Museum erneut instandgesetzt und über das Sockelgeschoss mit der »Archäologischen Promenade« verbunden werden, die über Neues Museum und Pergamonmuseum bis zum Bodemuseum führen wird. Die einstige Wirkung des Alten Museums im Stadtraum wird erst dann wieder vollständig erlebbar sein, wenn das Berliner Schloss als Humboldt-Forum rekonstruiert ist.

LUSTGARTEN

Am Lustgarten, Berlin-Mitte
Entwurf 1828, Ausführung 1829–1833

Fast wie ihn Schinkel entwarf, präsentiert sich heute wieder der Lustgarten. Bis zum Wiederaufbau des Berliner Schlosses fehlt ihm allerdings die dritte Platzwand nach Süden. Unter dem Großen Kurfürsten war der Küchengarten des Schlosses zu einem Lustgarten im holländischen Stil umgestaltet worden, seine Gemahlin ließ hier die ersten Kartoffeln Berlins pflanzen. Der Soldatenkönig Friedrich Wilhelm I. machte 1713 einen sandigen Exerzierplatz daraus. Durch Schinkels damals »Neues Museum« wurde der Lustgarten an der Nordseite neu gefasst und aufgewertet – und sollte deshalb auch eine angemessene Gestaltung bekommen. Die Ausgangslage war nicht einfach, standen doch Schloss, alter Dom und Museum nicht im exakten Winkel zueinander.

Schinkel löste die Aufgabe, indem er zunächst durch neue seitliche Ahornbaum-Reihen den Rahmen für einen rechtwinkligen Platz schuf, der sich in seiner Ausrichtung vor allem am Museum orientierte. Die Fläche teilte er durch drei Kieswege: Einer lief auf den Eingang des Museums zu, einer auf das Portal des Doms, ein dritter wurde parallel zu letzterem gezogen. Auf die Kreuzung der beiden Hauptachsen platzierte er eine Fontäne, die einst 14 Meter in die Höhe schoss. Die gewaltige Granitschale vor der Freitreppe des Museums, fast sieben Meter im Durchmesser und nach Schinkels Entwurf aus einem Findling bei Fürstenwalde gehauen, sollte ursprünglich in der Rotunde des Museums aufgestellt werden; da sie dort aber die Skulpturen verdeckt hätte, entschied man sich 1831 für den Standort im Lustgarten.

Schinkels Anlage wurde 1871 durch Johann Heinrich Strack verändert, der an die Stelle der Fontäne ein Reiterstandbild Friedrich Wilhelms III. platzierte. Mit der Vollendung des neuen Berliner Domes 1905 veränderte sich die Wirkung erneut. Die Nationalsozialisten ersetzten die Parkanlage 1935 durch einen

Blick vom Berliner Dom auf den Lustgarten. 1935 war hier ein steinerner Platz ange-
legt worden. Erst 1999 wurde der Ort in Anlehnung an einen Entwurf Schinkels wieder
begrünt. Jenseits des Kupfergrabens steht das Zeughaus.

Steinbelag, um hier Aufmärsche veranstalten zu können, die
Granitschale stellte man auf die Grünfläche neben dem Dom.
Zu Zeiten der DDR wurde die Versteinerung des Lustgartens nie
rückgängig gemacht, aber die Schale wurde 1981 wieder an ihren
ursprünglichen Ort rückversetzt.

Nach dem Fall der Mauer gab es einen Wettbewerb zur Umgestaltung, den der Künstler Gerhard Merz mit einem Entwurf
gewann, der keine Begrünung, sondern lediglich einen lang ge-
streckten Pavillon an der Südseite vorsah. Dieser hätte die Sicht-
beziehung zum Alten Museum unterbrochen. Nach heftiger
Kritik verschwand die Idee wieder in der Schublade. Stattdessen
beauftragte man den Landschaftsarchitekten Hans Loidl, der eine
modernisierte Fassung der Schinkel'schen Anlage vorgeschlagen
hatte – mit erhöhten Rasenflächen, die von Sandsteinkanten eingefasst werden. Seit 1999 gehört der wiederhergestellte Lustgarten mit der neuen, zeitgenössischen Fontäne an alter Stelle wieder
zu den populärsten Orten der Berliner Mitte.

SCHLOSSBRÜCKE

Unter den Linden 1, Berlin-Mitte
Entwurf 1819, Ausführung 1821–1824

Über Jahrhunderte genügte an dieser Stelle eine bescheidene Holzbrücke. Es ging ja nur um den »Hinterausgang« des Berliner Schlosses nach Westen, Richtung Tiergarten, wo die Jagden stattfanden – deshalb hieß die hölzerne Konstruktion »Hundebrücke«. Die wichtigste Brücke über die Spree zum Schloss lag damals auf der anderen Seite: Es war die Lange Brücke zwischen Rathaus und Schlossplatz.

Aber mit der Erweiterung der Stadt nach Westen, vor allem mit dem prächtigen Ausbau der Straße Unter den Linden und des Forums Fridericianum genügte diese schmale Holzbrücke nicht mehr den neuen repräsentativen Ansprüchen. So gab der König zu Beginn des 19. Jahrhunderts bei Schinkel einen Neubau in Auftrag. Es wurde die schönste Brücke Berlins.

Berlins schönste Brücke. Auf Schinkels Zeichnung fließt der Verkehr: oben rollen Kutschen, unten passieren Boote. Die Skulpturen wurden erst nach seinem Tod aufgestellt.

Dem Monarchen sei wichtig gewesen, schreibt Schinkel, »dass die Straße durch die neue Anlage der Brücke keine Verengung erleiden sollte, weil hierdurch allein eine Übereinstimmung mit der großartigen Umgebung hervorgebracht werden konnte«, und fährt nicht ohne Stolz fort: »Hiernach erhielt die Brücke die vielleicht von keiner andern Brücke übertroffene Breite von 104 Fuß«, also 33 Metern. Mit der Vollendung 1824 wurden die Linden praktisch bis in den Lustgarten verlängert, es entstand erstmals ein durchgehend breiter Boulevard vom Berliner Schloss bis zum Brandenburger Tor.

Schinkel entwarf eine dreibogige Steinbrücke. Der Übergang wird auf beiden Seiten durch vier rote Granitsockel eingefasst und akzentuiert, zwischen denen jeweils fünf grünliche Brüstungsfelder eingefügt sind. »Das Geländer der Brücke besteht aus großen Füllungen von durchbrochener Eisenguss-Arbeit«, beschreibt es Schinkel, »arabeskenartig verschlungene Seepferde wechseln mit Tritonen und Delphinen.« Auf den Sockeln stehen Postamente für acht von ihm entworfene, überlebensgroße Skulpturengruppen, deren Programm er fast lapidar beschreibt: »In den Gruppen sind Momente von Helden und Siegesgöttinnen ganz ideal aufgefasst; unter den hier gewählten Gegenständen sind folgende: Ein junger Held von einer Siegesgöttin in den Kampf geführt, ein Held von ihr gekrönt, ein Held im Kampf von ihr unterstützt, ein sterbender Held in ihren Armen, u. dergl.«

Keine dieser Figuren hat Schinkel in vollendeter Fassung erlebt. Erst ein Jahr nach seinem Tod wurden sie von König Friedrich Wilhelm IV. bei Bildhauern der Schadow- und Rauch-Schule in Auftrag gegeben. Die erste Figur stand 1847 an ihrem Platz, die letzte folgte zehn Jahre später. Die Nacktheit der Skulpturen erregte damals so großen Anstoß, dass sogar erwogen wurde, sie im benachbarten Zeughaus wegzuschließen.

Seinen ideal gezeichneten Entwurf der Brücke musste Schinkel mit Rücksicht auf die Erfordernisse der Schifffahrt zu einer Klappbrücke abändern. Er hatte gehofft, dass der Verkehr zu Wasser bald über den Landwehrkanal am Zentrum vorbei geführt werden würde. Doch das sollte noch dauern. Deshalb musste er anstelle des mittleren Bogens zwei Widerlager bauen, die einerseits die Flusspfeiler stärkten, andererseits die Gegengewichte für die Aufzugklappen aufnahmen. Die mittleren Geländer-Elemente konnten seitlich ausgeschwenkt werden. Eine spätere Rückkehr zu seinem ersten Entwurf blieb möglich. So konnte man 1912 an gleicher Stelle einen Stahlbetonbogen im Sinne der Schinkel'schen Idealplanung einfügen.

Im Zweiten Weltkrieg wurde die Schlossbrücke nur leicht getroffen. Zu DDR-Zeiten hat man die Geländer rekonstruiert und die Brücke nach dem Abriss des Berliner Schlosses in »Marx-Engels-Brücke« umbenannt. Die 1943 im Westteil der Stadt eingelagerten Skulpturen kehrten erst 1981 nach Ost-Berlin zurück, wo sie restauriert und 1984 wieder aufgestellt wurden. Bis 1989 hat man weitere Details ergänzt und das Geländer vervollständigt. Ein Fragment des originalen Brückengeländers steht am nordöstlichen Ende der Brücke im Lustgarten. Am ersten Jahrestag der Wiedervereinigung, dem 3. Oktober 1991, erhielt das Bauwerk wieder den Namen »Schlossbrücke«.

Der mittlere Brückenbogen ist etwas kräftiger, weil er die einstige Zugbrücke an dieser Stelle ersetzt. Das Geländer schmücken Seepferde und Delphine.

NEUE WACHE

Unter den Linden 4, Berlin-Mitte
Entwurf 1816, Ausführung 1817–1818

Die Neue Wache war Schinkels erstes Bauwerk in Berlin und begründete seine Karriere als preußischer Staatsarchitekt. Er war zu dem Zeitpunkt zwar schon sechs Jahre Baubeamter in königlichen Diensten, hatte auch schon ein Schlafzimmer für die Königin eingerichtet, aber während der napoleonischen Kriege kam die Bautätigkeit fast vollständig zum Erliegen. Als der König im Jahre 1815 aus Paris zurückkehrte, hätte er am liebsten ein großes Freiheits- und Nationaldenkmal in Auftrag gegeben, begnügte sich aber mit einem kleinen, weniger teuren Bauvorhaben: einer neuen Königswache Unter den Linden. Sie sollte ein Monument

Schinkels Entwurf zeigt die Neue Wache flankiert von Standbildern der Feldherren Scharnhorst und Bülow. Sie stehen heute auf der Straßenseite gegenüber.

werden, aber auch praktisch nutzbar sein für die königliche Garde – mit einem Saal für die Mannschaft, Räumen für Offiziere und für die Ausrüstung und einer Arrestzelle. Mit dem Neubau beauftragte der König Anfang des Jahres 1816 Schinkel, der damals 34 Jahre alt war.

Seit der Jahrhundertwende hatte man über einen Ersatz für die wenig repräsentative Kanonierwache am Kastanienwäldchen neben dem Zeughaus nachgedacht, und hier, schräg gegenüber dem Kronprinzenpalais, in dem der König wohnte, sollte auch die neue Wache stehen. Schinkel war durchaus unschlüssig, welchen Stil er für dieses Bauwerk wählen solle. Es entstanden mehrere Varianten, die uns in Zeichnungen überliefert sind. Schinkel schlug zunächst eine nach hinten versetzte, italienische Loggia mit drei Bögen und ägyptisierendem Umriss vor, zu der eine kurze Baumallee führen sollte. Im zweiten Entwurf zeichnete er eine fünfachsige Pfeilerhalle mit Dreiecksgiebel und Trophäen in Anlehnung an das benachbarte Zeughaus. Der König bevorzugte den dorischen Stil, aber vor allem wollte er seine Wache in direkter Nähe haben, und eigenhändig verlegte er sie auf einer Zeichnung nach vorne.

Damit sich das Bauwerk an diesem prominenten Standort zwischen Zeughaus und Universität behaupten konnte, versuchte Schinkel innerhalb der vergleichsweise kleinen Dimensionen eine monumentale Wirkung zu erzielen. Vor Baubeginn schrieb er: »An dem schönsten Platze Berlins liegend und rings von Prachtgebäuden früherer Zeit umgeben, darf dieses Gebäude in keiner Art vernachlässigt werden, vielmehr vollkommen den Charakter eines Monuments erhalten, welcher bei der, im Vergleich der Umgebung, nicht beträchtlichen Höhe des Gebäudes, vorzüglich nur durch Vollendung aller einzelnen Teile erhalten werden kann [...]« Er entwarf seine Vorstellung eines römischen Castrums: einen gedrungenen Kubus auf quadratischem Grundriss mit wehrhaften Eckrisaliten. Davor stellte er einen griechischen Portikus in strenger dorischer Ordnung.

Es war nicht das erste Bauwerk im dorischen Stil Unter den Linden, denn schon gut 25 Jahre zuvor hatte Langhans mit seinem Brandenburger Tor die Propyläen von Athen zitiert. Inzwischen war die Antikenforschung aber weiter, und dementsprechend gestaltete Schinkel seine dorischen Säulen nach exakten Vermessungen der Tempel von Agrigent, die er in Sizilien bewundert hatte. So stehen die Säulen – anders als bei Langhans – ohne Basen direkt auf dem flachen, dreistufigen Sockel.

Ungewöhnlich und gar nicht dorisch ist der Schmuck des Gebälks. Für die Stellen, an denen klassischerweise die Triglyphen liegen, entwarf Schinkel jeweils geflügelte Siegesgöttinnen, die Johann Gottfried Schadow modellierte. Sie wurden in Zinkguss ausgeführt und bemalt, als wären sie aus Stein. Nicht alle Zeitgenossen konnten damit etwas anfangen, Christian Daniel Rauch nannte sie »Fledermäuse«. Das Relief im Giebelfeld sollte nach Schinkels Entwurf Kampf und Sieg, Flucht und Niederlage darstellen. Es wurde erst 1846 in reduzierter Form angebracht.

»Fledermäuse« nannte der Bildhauer Christian Daniel Rauch die Schmuckfiguren der Siegesgöttinnen am Gebälk. Sie wurden in Zinkguss ausgeführt, aber in der gleichen Farbe des Steines angemalt.

Besonders massiv wirkt das Bauwerk dadurch, dass Schinkel die Steinmetze anhielt, beim Versetzen der Sandsteinblöcke »die Grundsätze der Alten« zu befolgen und sie, einem schönen Fugenmuster folgend, ohne Mörtel aneinander zu fügen. Schinkel beschreibt das Verfahren so: »An den glatten Flächen der Fassade, wo die Fugen genau nach der Zeichnung gelegt werden, wird es notwendig sein, die sämtlichen Werkstücke mit wenigstens einem halben Arbeitszoll vor den Kanten zu versetzen, und diesen dann scharf und genau erst abzuarbeiten, wenn die ganze Fassade fertig aufgesetzt ist, wobei das Abspringen der Kanten beim Versetzen ganz vermieden, und die Fuge durch ein letztes Schleifen der ganzen Fassade fast unsichtbar gemacht wird.«

Aus Gründen der Sparsamkeit wurden die Seitenfronten in Ziegelmauerwerk ausgeführt, das Schinkel aber nicht unter Putz

Das einstige Wachgebäude wurde mehrmals als Gedenkstätte umgestaltet – in der

Weimarer Republik, zu DDR-Zeiten und nach der Wiedervereinigung.

verbarg, sondern sichtbar beließ, »um hier an die Stelle der Über-
tünchung auch etwas Wahres und Echtes der Konstruktion zu
setzen«. Die einstigen Fenster wurden beim Umbau 1931 ver-
mauert, blieben aber als Blendnischen erkennbar. An der Rückseite des Gebäudes spiegelte Schinkel die Front in vereinfachter
Form durch Wandpfeiler mit Gebälk und Dreiecksgiebel.

Teil des königlichen Auftrags waren zwei Denkmäler für die
Feldherren Scharnhorst und Bülow, die vor der Wache aufge-
stellt wurden (Abb. S. 52/53) der Bildhauer war Christian Daniel
Rauch, die Sockel gestaltete Schinkel.

In dieser Form überdauerte das Ensemble ein Jahrhundert.
Während der Weimarer Republik entstand 1929 die Idee, die Neue
Wache zu einem Ehrenmal für die Gefallenen des Ersten Weltkriegs umzugestalten. Gemäß dem siegreichen Wettbewerbsent-
wurf von Heinrich Tessenow wurde das Innere 1930/1931 völlig
entkernt, eine neue Decke mit kreisrundem, offenem Oberlicht
eingezogen, der Fußboden 20 Zentimeter tiefer gelegt und in der
Mitte des Raumes ein schwarzer Basaltquader mit einem vergol-
deten Eichenlaubkranz platziert.

Am Ende des Zweiten Weltkriegs wurde die Neue Wache
schwer beschädigt. Während der ersten Jahre der DDR forderte
die FDJ einen Abriss des Bauwerks, weil es den »preußischen Militarismus« symbolisiere. Zwar wurden 1951 die Generals-Standbilder entfernt, aber 1956/1957 hat man das Gebäude wiederaufgebaut, äußerlich originalgetreu, im Inneren nach Tessenows
Konzeption mit dem Basaltblock, der in der Hitze des Bomben-
treffers an den Kanten geschmolzen war, gewidmet »Den Opfern
von Militarismus und Faschismus«. 1968 wurde der Innenraum
für das Staatsprotokoll der DDR erneut umgestaltet. Der Basalt-
kubus wich einem Block aus Jenaer Glas, in dem eine ewige Flam-
me brannte, weshalb das Oberlicht mit einer Glasfiberkuppel ab-
gedeckt werden musste. An der Stirnseite prangte nun ein großes
Staatsemblem der DDR.

Die heutige Fassung des Innenraumes entstand 1993, als die
Neue Wache zur »Zentralen Gedenkstätte der Bundesrepublik
Deutschland für die Opfer von Krieg und Gewaltherrschaft«

Die Neue Wache ist an drei Seiten von einem Kastanienwäldchen umgeben. An der rückwärtigen Säulenfront und an den seitlichen Fassaden beließ Schinkel Teile der Außenwande unverputzt.

wurde. Man näherte sich wieder der Fassung Tessenows an, unter das offene Oberlicht wurde auf Wunsch des damaligen Bundeskanzlers Helmut Kohl eine vierfach vergrößerte Version der Skulptur »Mutter mit totem Sohn« von Käthe Kollwitz platziert – eine Konzeption, die formal wie inhaltlich zu Kontroversen führte. Damals wurde auch über eine Rückkehr der Generals-Standbilder an ihren ursprünglichen Ort diskutiert, was aber u. a. an ideologischen Vorbehalten scheiterte. In einem Briefwechsel einigten sich Kohl und die Kollwitz-Erben 1995, auf eine Rückkehr der Standbilder in den nächsten 20 Jahren zu verzichten. Stattdessen wurden sie 2002 gegenüber auf der anderen Straßenseite der Linden aufgestellt. Angesichts der wechselvollen Geschichte des Ensembles scheint es nicht ausgeschlossen, dass auch dieser Zustand nicht der endgültige sein wird.

FRIEDRICHSWERDERSCHE KIRCHE

Werderscher Markt, Berlin-Mitte
Entwurf 1823, Ausführung 1824–1830

Am Werderschen Markt hatte seit 1700 eine barocke Doppel-
kirche gestanden, die sich die lutherisch-reformierte und die
französisch-reformierte Gemeinde teilten. Als sie nach einem
Jahrhundert baufällig wurde, fertigten 1820 Alois Hirt und Johann Gottlieb Schlaetzer Entwürfe für einen Neubau, die Schinkel zur Begutachtung vorgelegt wurden. Dieser äußerte sich kritisch zu den Vorschlägen und zeichnete einen eigenen Entwurf:
einen römischen Tempel korinthischer Ordnung. Bald nahm
sich der Kronprinz, der spätere Friedrich Wilhelm IV., der Sa-
che an. Er plädierte für eine Kirche im »Mittelalterstil«, mit der
Begründung, dieser passe besser »in diese etwas engere Gegend
der Stadt, die durch die Unregelmäßigkeit ihrer Straßen sich dem
Altertümlichen nähert«.

Daraufhin zeichnete Schinkel 1824 ein Blatt mit vier Varianten: einen korinthischen und einen dorischen Tempel, die jeweils
einen rückwärtigen zylinderförmigen Rundbau erhalten, sowie
zwei gotische Entwürfe – einen mit schlanker Doppelturmfassade und einen mit einem kräftigen Turm in der Mitte der Front. Es
ist eine berühmte Zeichnung, auf der besonders anschaulich der
beginnende eklektische Historismus sichtbar wird, in dem der
Stil für ein und dieselbe Bauaufgabe fast austauschbar erscheint.
Schinkel stellt dem Kronprinzen implizit die Frage, die der Architekt Heinrich Hübsch erst 1828 in einer berühmten architektur-
theoretischen Schrift formulieren wird: »In welchem Style sollen
wir bauen?«

Friedrich Wilhelm entschied sich für die Doppelturmfassade.
So entstand mit der Friedrichswerderschen Kirche der erste neogotische Sakralbau in Berlin und das erste Gebäude höherer Baukunst der Stadt mit Sichtmauerwerk seit dem Mittelalter. Schinkel hatte sich schon seit Jahren in Zeichnungen und Gemälden

Die Friedrichswerdersche Kirche stand einst an einem Platz mit geschlossener Bebauung. Wenn die geplanten Neubauten zu beiden Seiten stehen, wird diese Platzwirkung wieder erfahrbar sein.

mit der Gotik beschäftigt, für den Wiederaufbau der Petrikirche bereits 1811 einen Sichtziegelbau vorgeschlagen. Jetzt konnte aus den Ideen endlich ein konkretes Bauwerk werden. Zugleich wollte er daran demonstrieren, zu welcher Qualität er die regionale Ziegelindustrie bei der Herstellung der großen Menge standardisierter Formsteine anhalten würde.

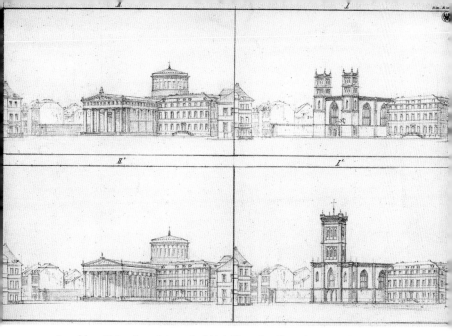

»In welchem Style sollen wir bauen?« Schinkel legte dem Kronprinzen vier Varianten
für den Neubau der Kirche vor: zwei klassizistische – korinthisch oder dorisch; und
zwei neogotische – mit einem oder mit zwei Türmen.

Für das schmale, damals an beiden Seiten von Häusern einge-
fasste Grundstück entwarf Schinkel eine einschiffige Kirche nach
dem Vorbild englischer College-Kapellen der Spätgotik. Mit der
geschlossenen Sockelzone reagierte er auf die dichte Bebauung
in unmittelbarer Nachbarschaft. Der Baukörper zeigt sich nicht
filigran-aufstrebend wie in Schinkels frühen neogotischen Entwürfen, sondern wirkt mit seinem klaren Umriss, der Flächigkeit
und den einfachen Details eher klassizistisch. Auch die stumpfen
Türme, das flach geneigte Dach und die schlichten Fialtürmchen
sind nicht typisch gotisch.

Im Innenraum wurden die Ziegel verputzt und in illusionistischer Manier bemalt: das Kreuzrippengewölbe in Backsteinoptik,
die Pfeiler in Hausteinoptik. Zwischen den nach innen gezogenen Strebepfeilern verläuft ein Emporen-Umgang: eine Holzkonstruktion mit doppelten gotischen Arkaden als Basis. Die Fens-
terscheiben des Langhauses waren ursprünglich aus Klarglas, nur
im Chor verwendete Schinkel farbige Fenster. Über dem gussei-

Der neogotische Innenraum. Hier wurden die Ziegel verputzt und in illusionistischer Manier bemalt: das Gewölbe in Backsteinoptik, die Pfeiler in Hausteinoptik. Der Emporen-Umgang ist eine Holzkonstruktion.

sernen Portal thronte außen eine Terrakottafigur des Erzengels Michael (heute eine Kopie in Bronze).

Zeitgenossen und Nachgeborene irritierte die teilweise eigenwillige Neogotik Schinkels. Deshalb brach man 1844 die Fialtürmchen auf dem Langhaus und den Türmen ab und begann, sie durch »gotischere« Versionen von Friedrich August Stüler zu ersetzen. 1945 wurde das Bauwerk schwer beschädigt, die einstige Ausstattung nach Entwürfen Schinkels ging größtenteils verloren. Zur 750-Jahr-Feier Berlins hat die DDR die Kirche 1982–1987 in Annäherung an den Zustand zur Zeit Schinkels wieder aufgebaut, dabei u. a. 60.000 schadhafte Steine ausgetauscht. Die Wiederherstellung des Innenraums zog sich bis ins Jahr 2001 hin. Heute wird die Kirche von der Nationalgalerie der Staatlichen Museen genutzt, die hier Skulptur des 19. Jahrhunderts zeigt. Wenn die geplante Neubebauung zu beiden Seiten fertig ist, wird die räumliche Wirkung der Kirche am Werderschen Markt wieder derjenigen zu Schinkels Lebzeiten ähneln.

BAUAKADEMIE

Schinkelplatz, Berlin-Mitte
Entwurf 1831, Ausführung 1832–1836

Von allen Meisterwerken Schinkels ist die Bauakademie das
einzige, das heute im Stadtbild fehlt. Sie wurde im Krieg schwer
getroffen und ihre Ruine 1962 abgerissen. Am einstigen Standort erhebt sich seit 2004 eine Attrappe des Gebäudes: ein Gerüst
in den Ausmaßen des Bauwerks mit Planen, auf die die einstigen Fassaden aufgemalt wurden. Dass die Bauakademie wieder
aufgebaut werden soll, darüber besteht weitgehend Einigkeit.
Selbst unter Architekten, die sonst gegenüber Rekonstruktionen
kritisch sind: Hier handelt es sich schließlich um das »moderns-

In seinem Entwurf spiegelt Schinkel die Bauakademie so im Wasser des Spreegrabens, dass sich ein Würfel ergibt. Rechts die Friedrichswerdersche Kirche.

te« Gebäude Schinkels. Noch aber ist kein tragfähiges Finanzierungs- und Nutzungskonzept gefunden.

Die 1799 gegründete »Allgemeine Bauschule« (wie sie bis 1848 hieß) war anfangs in einem Gebäude Unter den Linden untergebracht, danach im Münzgebäude am Werderschen Markt. 1831 regte der damalige Direktor Christian Beuth den Neubau eines eigenen Schulgebäudes an. Als Standort bot sich das Gelände des alten Packhofs zwischen Werderschem Markt und Spreegraben an, das durch die Fertigstellung von Schinkels Neuem Packhof nördlich seines Museums am Lustgarten gerade freigeworden war. Die Errichtung der Bauakademie war kaum begonnen, da publizierte sie Schinkel 1833 in seiner »Sammlung Architektonischer Entwürfe«. 1836 wurde das Gebäude seiner Bestimmung übergeben.

Bei keinem anderen Werk Schinkels diskutiert die Fachwelt bis heute so intensiv darüber, wie »revolutionär« dieses Gebäude denn nun gewesen sei. Die Vertreter der klassischen Moderne erkennen darin einen frühen, allein aus der Konstruktion entwickelten Rasterbau. Aber je mehr sich die Forschung mit den Details und historischen Bezügen befasste, desto weniger blieb von dem Bild des grundlegend »Neuen« übrig.

Die Grundform des Kubus auf quadratischem Grundriss ergab sich fast zwangsläufig aus dem Standort: Drei Fassaden folgten der Spree, der Straße und dem Werderschen Markt, die vierte orientierte sich in Richtung Schlossbrücke auf einen spitz zulaufenden Platz. Es ist ein Kubus, wie man ihn schon beim barocken Zeughaus gegenüber findet. Anders als bei diesem unterteilte Schinkel aber jede Fassade in eine gerade Anzahl gleicher Achsen. Dadurch fiel die klassische Hauptachse in der Mitte der Fassade weg – was an der Nordseite zu zwei nebeneinander liegenden Eingangsportalen führte. Die Wirkung dieser modern wirkenden Reihung identischer Achsen wurde durch gebäudehohe Pilaster noch verstärkt. Aber auch dies war kein Novum in der Baugeschichte, betrachtet man etwa den Kubus des mittelalterlichen Norwich Castle mit seinen je vier Achsen, den Schinkel aus Stiche-Sammlungen kannte. Nicht identisch gestaltet sind dagegen die vier Geschosse der Bauakademie. Über einem abgesetzten Sockel liegt das Hauptgeschoss, es folgt ein etwas niedrigeres drittes Geschoss und schließlich eine Art Mezzaningeschoss mit sehr kleinen Fenstern.

Den acht mal acht Achsen entsprach im Inneren ein Grundrissraster von 64 Quadraten, die flexibel zu Räumen unterschiedlicher Größe zusammengefasst werden konnten – in Schinkels Entwurf sind es Räume zwischen zwei und zwölf Quadraten. Hier ist bereits die Logik moderner Bürobauten zu erkennen. Bis auf das oberste Geschoss wurden die Zwischendecken als Kappengewölbe aus Ziegeln errichtet, verstärkt durch eine Zuganker-Konstruktion, die sich nachspannen ließ. Diese Gewölbe bildet Schinkel symbolisch auch an der Fassade ab, indem er alle Fenster bis auf die obersten mit einem Segmentbogen abschließt.

*Das linke Eingangsportal der Bauakademie ist bis heute erhalten. Beim Abriss
des Gebäudes 1962 wurde es aufgehoben und in die »Schinkel-Klause« unweit des
einstigen Standortes eingebaut (zum Bildprogramm siehe S. 70).*

Bauakademie und Friedrichswerdersche Kirche auf einem Gemälde von Eduard Gaertner

aus dem Jahre 1868. Im Erdgeschoss waren hochwertige Läden untergebracht.

Unübersehbar ist der Einfluss von Schinkels Englandreise im Jahre 1826, auf der er u. a. die in Europa am weitesten entwickelte Fabrikarchitektur studierte. Sie machte großen Eindruck auf ihn, allerdings auch im Negativen, schrieb er doch in einer berühmt gewordenen Tagebuchnotiz aus Manchester, dass die riesigen Ziegelgebäude »ohne Architektur« ausgeführt worden seien, das hieß für ihn, ohne eine künstlerische Veredelung der reinen Funktion.

Es war schon ein kühner Akt, wie Schinkel hier einen repräsentativen Staatsbau als Würfel aus roten Ziegeln dem Königlichen Schloss gegenüberstellte. Aber mindestens so bemerkenswert ist die Kunst, mit der er den Ziegelbau im Detail nobilitierte und programmatisch in die Baugeschichte einbettete. Etwa durch die blau glasierten Ziegellagen, die das kräftige Rot mildern und die starken Vertikalen um ein ausgleichendes horizontales Element ergänzen. Oder durch den feinen Terrakotta-Schmuck, den er in den Segmentgiebeln, unter den Fenstern und zwischen den Fensterglas-Feldern anbrachte. Ohne Beispiel in Schinkels Werk ist sein umfangreiches Bildprogramm für die Brüstungsfelder im Hauptgeschoss, in denen – wie er schreibt – »verschiedene Momente aus der Entwicklungs-Geschichte der Baukunst, aus deren Zerstörungs-Perioden und aus den verschiedenen werktätigen Beschäftigungen derselben ausgedrückt sind«. Unter jedem der acht Fenster befanden sich drei Reliefs, und diese 24 Motive wiederholten sich an jeder der vier Fassaden. Nur wenige von ihnen sind erhalten.

Schinkels Bekenntnis zu den antiken Wurzeln der Baukunst erkennt man auch in den Einfassungen der beiden Portale, von denen das linke 1971 in die »Schinkel-Klause« hinter dem Kronprinzenpalais eingesetzt wurde: Die beiden untersten Felder zeigen das klassische Ornament der Akanthusgewächse, darüber folgt links eine Darstellung der dorischen Ordnung, rechts der ägyptischen Architektur. Das dritte Paar symbolisiert links ein korinthisches Kapitell, rechts ein ionisches, darüber wird die Erfindung des korinthischen Kapitells gemäß Vitruv dargestellt, das rechte Pendant stammt aus dem anderen Portal.

Die Ruine der Bauakademie Ende der 1950er-Jahre. Der Wiederaufbau war bereits bis zum Richtfest vorangeschritten, als 1962 Schinkels Spätwerk dem neuen Außenministerium der DDR weichen musste.

Es entstand ein Lehrgebäude, wie es sich Schinkel erhofft hatte: Das erste und zweite Obergeschoss enthielt Studien- und Bibliotheksräume der Oberbaudeputation und der Bauschule sowie seine 600 Quadratmeter große Dienstwohnung mit Atelier. Unter dem Dach wurde das Aktenarchiv untergebracht. Das Erdgeschoss war von vornherein für Läden vorgesehen, durch die Mieteinnahmen erzielt werden sollten. Im Laufe der Zeit zogen zwölf Geschäfte mit hochwertigen Angeboten ein, etwa die Königliche Porzellanmanufaktur, der Hofjuwelier Werner, Gerson mit Seidenwäsche sowie die Gropius'sche Kunsthandlung.

Die Bauakademie hatte großen Einfluss auf die Architektur öffentlicher Gebäude in Preußen, deutlich erkennbar beim Kunstgewerbemuseum von 1881, dem heutigen Martin-Gropius-Bau – und sogar über Europa hinaus, denkt man etwa an die Chicago

School. 1874 wurde das Innere umgebaut, dabei das zentrale Treppenhaus in den Hof verlegt und dieser mit einer Glaskonstruktion überdacht. Fünf Jahre später zogen die Bauakademie und das nach dem Tod des Architekten hier eingerichtete Schinkelmuseum in die neugegründete Technische Hochschule um. Danach wurde das Haus von verschiedenen staatlichen Institutionen genutzt.

Schinkels wichtigstes Spätwerk wurde im Februar 1945 von Bomben getroffen und brannte aus. Die DDR beschloss 1951 den Wiederaufbau als Sitz der Deutschen Bauakademie. Die Arbeiten waren schon bis zum Richtfest vorangeschritten, da wurde der Wettbewerb zur sozialistischen Umgestaltung des Stadtzentrums entschieden – und der sah an dieser Stelle das Außenministerium der DDR vor. 1962 wurde die halbfertige Bauakademie abgerissen.

Nach der Wiedervereinigung wurde 1995 wiederum das Außenministerium abgerissen, an gleicher Stelle die Platzgestaltung vor der einstigen Bauakademie rekonstruiert und Schinkels Standbild (Abb. S. 6), zusammen mit denen von Beuth und Thaer, wieder am ursprünglichen Ort aufgestellt.

Im Herbst 1999 begann man, ermöglicht durch eine private Initiative, die Fundamente der Bauakademie freizulegen und über der Nordost-Ecke zwei Achsen des Gebäudes originalgetreu zu rekonstruieren. Dazu wurden 550 erhaltene Fassadenteile vermessen. Ein Unternehmen aus Brandenburg formte 22.000 Ziegelsteine und 2.200 Formsteine mit 105 verschiedenen Profilen in traditioneller Herstellung nach. Seit 2004 wird diese Musterecke durch die Attrappe des Gebäudes ergänzt, aufgestellt durch den Verein »Internationale Bauakademie Berlin«. Darüber hinaus entstand innerhalb der Schaufassade nach dem Vorbild eines Raumes aus dem ehemaligen ersten Geschoss der Rote Saal, der für Veranstaltungen und Ausstellungen genutzt wird.

Mühsam gestalteten sich die Versuche, das gesamte Gebäude wieder aufzubauen. Ende September 2008 startete der Liegenschaftsfonds Berlin ein entsprechendes Bieterverfahren mit der Bedingung, den überwiegenden Teil der Flächen kostenlos einer zu gründenden Akademie für Architektur und Städtebau zu überlassen. Diese Vorgaben erwiesen sich bisher als nicht realisierbar.

Eine Musterecke der Bauakademie wurde im Jahre 2000 von einer privaten Initiative originalgetreu rekonstruiert. Hier ein Detail der obersten beiden Geschosse.

SCHAUSPIELHAUS

Gendarmenmarkt, Berlin-Mitte
Entwurf 1818, Ausführung 1818–1821

Als in einer Juli-Nacht des Jahres 1817 das Königliche National-
theater am Gendarmenmarkt bis auf die Grundmauern nieder-
brannte, hielt sich das Entsetzen in Grenzen. Denn das etwas
plumpe Gebäude von Carl Gotthard Langhans aus dem Jahre
1802 mit seinen 2.000 Plätzen hatte in Berlin kaum jemand ge-
mocht. Wegen seines hochgewölbten Bohlendaches nannten
es die Berliner »Sargdeckel«. Das erklärt, warum Schinkel sich
schon 1813 mit dem Haus beschäftigte und einen Plan zum Umbau vorlegte – dieser blieb aber folgenlos.

Kurz nach dem Brand begann man, einen Neubau zu planen. Der Intendant des Theaters, Graf Carl von Brühl, empfahl
dem König den seiner Ansicht nach genialsten Architekten,
den Deutschland aufzuweisen habe, nämlich Schinkel, der mit
der Neuen Wache gerade sein erstes Werk in Berlin errichtete.
Es dauerte dann noch neun Monate, bis Friedrich Wilhelm III.
im April 1818 Schinkel den offiziellen Auftrag erteilte – mit be-
stimmten Vorgaben: Die Fundamente und die erhaltenen Außen-
mauern des abgebrannten Theaters sowie dessen sechs ionische
Säulen mussten übernommen werden. Schon drei Wochen später
präsentierte Schinkel einen Entwurf mit Beschreibung, detaillier-
ten Plänen und einer großen Federzeichnung, die sein Projekt am
Gendarmenmarkt so plastisch zeigte, als stünde es bereits dort –
einschließlich interessierten Bürgern, die das Theater in Besitz
nehmen. Das Bild hatte große suggestive Kraft, und es scheint
seine Wirkung auf den König nicht verfehlt zu haben. Drei Monate nach Schinkels Präsentation wurde der Grundstein gelegt,
fast genau ein Jahr nach dem Brand.

Schinkel sah sich hier mit einem Raumprogramm von einer
Komplexität konfrontiert, wie er sie bei keinem anderen seiner
realisierten Bauten bewältigen musste. Es ging nicht nur um ein

Phoenix aus der Asche: Vom abgebrannten alten Theater an gleicher Stelle musste Schinkel die Fundamente und die sechs ionischen Säulen wiederverwenden. Ein Jahr nach dem Brand wurde der Grundstein für sein Schauspielhaus gelegt.

Gebäude für Theater- und Opernaufführungen nach den neuesten Anforderungen, auf Wunsch des Königs sollte auch ein Konzert- und Festsaal untergebracht werden, den der Monarch unabhängig vom Theaterraum für Veranstaltungen nutzen wollte, weshalb der Saal einen eigenen Eingang benötigte. Das gleiche galt für den Funktionsbereich mit Verwaltungs- und Proberäumen, Magazinen und Werkstätten, insgesamt etwa neunzig Räumen ganz unterschiedlicher Größe. Diese funktionale Vielfalt musste äußerlich in einer einheitlichen Gestaltung zusammengefasst werden. Und das alles auf der Basis eines nicht allzu großen Rechtecks, das die Fundamente des alten Theaters vorgaben.

Schinkels entscheidender Einfall war, die Ausrichtung des Hauptgebäudes im Vergleich zum Vorgängerbau um 90 Grad zu drehen. In seinem Entwurf verläuft der höchste Gebäudeteil mit

Zuschauer- und Bühnenraum nun in West-Ost-Richtung, wodurch mehr Gebäudevolumen entsteht und der Portikus weiter in den Gendarmenmarkt hineinragt als beim Vorgängerbau. Auf dessen Fundamenten stehen zur Linken wie zur Rechten niedrigere Seitenflügel: Im nördlichen Trakt liegen die Funktionsräume, im südlichen der Konzert- und Festsaal. Der Zuschauerraum war eine Kombination aus Rang- und Logentheater auf vier Ebenen und bot 1.600 Plätze, alle mit guter Sicht und Akustik. Das gesamte Gebäude hob Schinkel auf einen sechs Meter hohen Sockel: Dadurch behauptet es sich besser zwischen Französischem und Deutschem Dom, und er gewann zusätzlichen Nutzraum, etwa für Zugänge und Theaterkassen. Den Niveau-Unterschied zur Hauptebene inszenierte Schinkel mit einer monumentalen Freitreppe zum Platz hin, die eine rein repräsentative Funktion hat. Der Eingang für die Besucher liegt unter der Treppe, sie erreichen ihn über seitliche Zugänge, die auch von Kutschen befahren werden konnten.

Der reiche Gebäudeschmuck weist auf die Funktion als Musentempel hin. Schinkel entwickelte ihn zusammen mit Christian Friedrich Tieck, der die nächsten 30 Jahre mit der Ausführung beschäftigt war. Insgesamt sechs Giebel mit antikischen Reliefs zieren die vier Seiten des Bauwerks, dazu kommen Skulpturen der neun Musen und eine bekrönende Bronzegruppe mit Apoll, dem Gott der Künste, auf einem von zwei Greifen gezogenen Gespann. 1851 wurden zwei Skulpturen auf den seitlichen Mauern der Freitreppe ergänzt, die die Macht der Musik symbolisieren: Löwe und Panther tragen musizierende Genien.

Trotz der Vielfalt im Inneren gelingt Schinkel äußerlich ein geschlossenes Ganzes, weil er den Sockel wie das Hauptgesims durchgehend um das gesamte Gebäude zieht, und weil er aus dem Portikus ein einheitliches Gliederungssystem für die Fassaden ableitet, in denen sich eine neue Architektursprache ankündigt. Anstatt, wie herkömmlich, Fenster in eine Wandfläche zu setzen, löst er die Wandflächen auf in ein mehrschichtiges System von Pfeilern und Gebälk, dem griechischen Prinzip von Stütze und Last folgend.

Der Konzert- und Festsaal im Südflügel. Er wurde im Zweiten Weltkrieg – wie das übrige Innere – zerstört. Beim Wiederaufbau in den 1980er-Jahren nahm man ihn zum Vorbild für die Neuschöpfung des großen Konzertsaals.

Schinkel nennt als Inspiration das antike Grabmal des Thrasyllos, eines griechischen Chorführers in Athen, das er aus Fachbüchern kannte. Dort bildeten nicht Säulen, sondern Pfeiler die tragende Ordnung. Nach diesem Vorbild fasst er die beiden Hauptgeschosse durch Pilaster in der Größe des Portikus zusammen; hineingestellt ist eine etwas tiefer liegende Schicht von zwei kleineren Pfeilerordnungen. Das Motiv der kleinen Pfeiler wiederholt sich ähnlich am oberen Bühnenhaus. »Die Construction der Pilaster […] schien mir dem Charakter eines öffentlichen Gebäudes mehr zu entsprechen und mit dem Peristyl der Hauptfacade mehr in Harmonie zu treten, als gewöhnliche Fenster«, schreibt Schinkel und ergänzt pragmatisch, »wozu noch der Vortheil entstand, daß mehr Licht für das, wegen seiner bedeutenden Tiefe sonst sehr schwer im Innern zu beleuchtende, Gebäude gewonnen wurde.«

Für Opern- und Theateraufführungen baute Schinkel einst das Schauspielhaus. Seit

dem Wiederaufbau zu DDR-Zeiten wird es als Konzerthaus genutzt.

Wobei das Spiel von Stütze und Last hier ein rein visuelles ist, denn auch das Schauspielhaus entstand als Ziegelbau – dessen Bauglieder hell verputzt wurden. Von wirklich tragenden Pfeilern kann hier keine Rede sein. Weil sich die Putzkanten zu leicht abnutzten, entschied man sich 1883, das Schauspielhaus mit Sandstein zu verkleiden.

Im Mai 1821 wurde das Schauspielhaus in Anwesenheit des Königs mit Goethes »Iphigenie auf Tauris« eröffnet – der Dichter hatte eigens einen Prolog für das Ereignis verfasst. Schinkel war ein Theatertempel gelungen, der sich architektonisch auf Augenhöhe mit der ersten Bühne der Stadt befand, dem Königlichen Opernhaus Unter den Linden. Aus unbekannten Gründen war Schinkel bei der Eröffnung nicht anwesend. Nach der Vorstellung zogen begeisterte Theaterbesucher im Fackelzug vor das Haus des Architekten, um ihm zu huldigen. Wenige Wochen später brachte Carl Maria von Weber seinen »Freischütz« im Schauspielhaus zur Uraufführung. Aber es gab auch Kritik. Manchen Zeitgenossen war Schinkels Art des Fassadenaufbaus zu abstrakt. Der Direktor der Berliner Singakademie, Karl Friedrich Zelter, schrieb im Jahr der Eröffnung an Goethe: »Die Architekten vermissen einen reinen Styl. Zu viele Ecken und Kropfwerk; zu viele schmale Fenster werden anstößig empfunden.« Und der Kasseler Architekt Johann Heinrich Wolff, Kritiker vieler Schinkel-Bauten, bemängelte, dass die Fassade des Schauspielhauses nicht erkennen lasse, dass sich dahinter ein halbrundes Amphitheater befinde.

Schinkels Interieurs wurden 1904/1905 durch einen Umbau im damals populären neobarocken Stil zerstört, wogegen der Berliner Architekten- und Ingenieurverein heftig protestiert hatte. Unter der Intendanz von Gustaf Gründgens wurden 1935 die Foyers und der Konzertsaal wieder dem Zustand der Schinkelzeit angeglichen, die Bühne radikal modernisiert und über eine breite Brückenkonstruktion mit dem Häuserblock jenseits der Charlottenstraße verbunden.

Im Zweiten Weltkrieg schwer getroffen, blieb das Schauspielhaus am zwischenzeitlich in »Platz der Akademie« umbenannten Gendarmenmarkt bis 1979 eine Ruine. Staats- und Parteiführung

Der Hauptzugang zum Schauspielhaus ist nicht die große Freitreppe, die eine repräsentative Funktion hat. Die Besucher betreten es durch diese seitlichen Zugänge, die auch von Kutschen genutzt werden konnten.

der DDR hatten 1976 auf Vorschlag des Chefarchitekten Roland Korn beschlossen, den Platz zum »geistig-kulturellen Mittelpunkt der Kunst und Wissenschaft« des Landes zu machen. In diesem Zusammenhang wurde bis 1984 auch Schinkels Schauspielhaus wiederaufgebaut, allerdings nicht als Theater, sondern als Konzerthaus.

Das Äußere rekonstruierte man detailgenau nach den Plänen Schinkels. Im vollständig entkernten Bau entstand an der Stelle des ehemaligen Zuschauer- und Bühnenraums ein neuer Konzertsaal, für dessen aufwendige Gestaltung man den Aufbau und die Formen des kleinen Konzertsaals Schinkels zum Vorbild nahm. Die neuen Foyers und der verkleinerte Kammermusiksaal mit seinen unglücklichen Proportionen entstanden in freier Erfindung nach Motiven Schinkels.

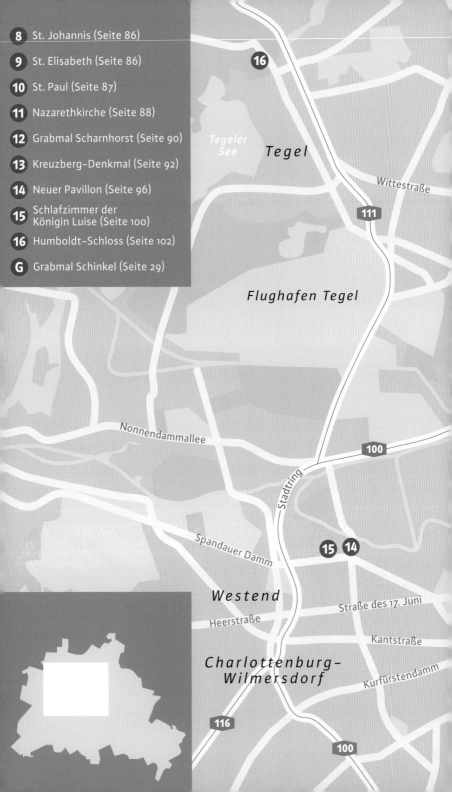

16

Tegeler See

Tegel

Wittestraße

111

Flughafen Tegel

Nonnendammallee

100

Stadtring

Spandauer Damm

15 **14**

Westend

Straße des 17. Juni

Heerstraße

Kantstraße

*Charlottenburg–
Wilmersdorf*

Kurfürstendamm

116

100

VORSTADTKIRCHEN

Entwurf 1831, Ausführung 1832–1835

Berlins Bevölkerung war seit Beginn des 19. Jahrhunderts stark angewachsen. Vor allem in den nördlichen Vorstädten jenseits der Torstraße, in denen die ärmeren Bevölkerungsgruppen lebten, nahm die Einwohnerzahl zu. Als König Friedrich Wilhelm III. im Jahre 1828 den Bau von zunächst zwei Kirchen in diesem Gebiet beschloss, verfolgte er wohl zwei Ziele: Zum einen sollten sie Orte der geistlichen wie praktischen Fürsorge sein, zum anderen hoffte er angesichts der sozialen Zustände in diesen Vierteln, dass fromme Untertanen auch ruhige Untertanen sind.

Die beiden Kirchen sollten 2.500 bis 3.000 Menschen Platz bieten, deutlich mehr, als damals der Dom am Lustgarten oder die Friedrichswerdersche Kirche boten. Der Monarch wollte die Kirchen aus seinem eigenen Vermögen finanzieren und hielt Schinkel an, »nur ganz einfache ohne besondere Verzierungen und ohne Türme« zu entwerfen. Ansonsten hatte der Architekt volle gestalterische Freiheit, denn es sollten freistehende Kirchen sein.

Schinkel präsentierte dem König zur Auswahl fünf Entwürfe, die von seiner Erfindungsgabe auch angesichts geringer Budgets zeugten: Es waren drei rechteckige – davon eine mit vier Türmchen an jeder Ecke – und zwei Zentralbauten, einer davon rund. Der König wählte zwei der rechteckigen Entwürfe aus, aber die Realisierung verzögerte sich, weil 1831 die Erschütterungen der französischen Julirevolution Deutschland erreichten, der Bau der Nikolaikirche in Potsdam die Mittel band und schließlich eine Cholera-Epidemie in Berlin grassierte, die eine verstärkte medizinische Versorgung der nördlichen Bezirke nötig machte. Aus diesen Gründen wurden nicht wie geplant zwei große Kirchen, sondern vier kleinere Kirchen verwirklicht.

Für alle vier Standorte legte Schinkel seinen Entwürfen den gleichen Typus zugrunde: ein einschiffiger rechteckiger Bau mit

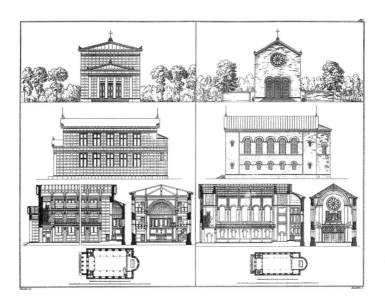

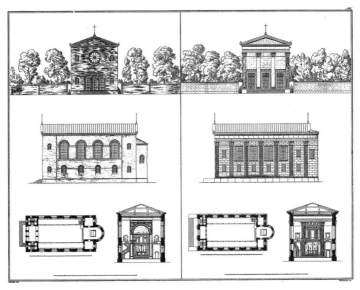

Die vier Vorstadtkirchen mit den Ansichten der Fassaden, den Schnitten und Grund-
rissen. Aus einem Typus entwickelte Schinkel vier Variationen: zwei klassizistische und
zwei neoromanische. Links oben St. Elisabeth, daneben St. Johannis. Links unten die
Nazarethkirche, daneben St. Paul.

Emporen und Apsis, Nebenräumen bzw. Treppenhäusern in den Ecken, flachem Satteldach und großen seitlichen Fenstern in vier bzw. fünf Achsen. Für zwei Kirchen wählte er eine klassizistische, verputzte Variante mit Portikus- bzw. Pilasterfront. Die beiden anderen lassen als Vorbilder die von ihm »sarazenisch« genannten romanischen Kirchen Italiens erkennen: Sie zeigen Rundbogen, Sichtmauerwerk und jeweils eine große Rosette als Zierde der Hauptfassade. Die Bauarbeiten kamen zügig voran, sodass die vier Kirchen im Sommer 1835 an vier aufeinanderfolgenden Sonntagen geweiht werden konnten.

St. Johannis Alt-Moabit 25, Berlin-Tiergarten

Als einzige der vier Vorstadtkirchen wurde St. Johannis in den folgenden Jahrzehnten so stark ergänzt und erweitert, dass schon um 1900 die Schinkel'sche Konzeption fast nicht mehr zu erkennen war. Friedrich August Stüler hatte dem Bau eine Rundbogenhalle vorgesetzt und einen Turm zur Seite gestellt. Ende des 19. Jahrhunderts wurde der Kirchenraum verlängert und mit einem Querschiff verbreitert. Im Zweiten Weltkrieg zerstörten Brandbomben das Dach, die Emporen und den Wandputz vollständig. Otto Bartning baute die Kirche im Inneren vereinfacht wieder auf und veränderte den Grundriss im Altarbereich nochmals, die Apsis wurde abgebrochen. Nur die Kirchenfront mit der Rosette erinnert heute noch an die Johanniskirche Schinkels.

St. Elisabeth Invalidenstraße 3, Berlin-Mitte

Bei der größten und einst am reichsten verzierten der vier Vorstadtkirchen wurde nach der Fertigstellung lediglich das Innere verändert. Zum 25-jährigen Jubiläum der Weihe erhielten die Wände eine Ausmalung in anderen Farben, was in den 1930er-Jahren teilweise wieder rückgängig gemacht wurde. 1944 wurde die Kirche stark zerstört. Nach dem Mauerbau lag sie als einzige

Als einzige der Vorstadtkirchen hat St. Elisabeth einen grünen Vorplatz. Nach dem Zweiten Weltkrieg stand nur noch eine Ruine, die zu DDR-Zeiten verfiel. Seit dem Wiederaufbau wird die Kirche für Kulturveranstaltungen genutzt.

der vier Kirchen im Ostteil der Stadt und verfiel wegen mangelnder Sicherungsmaßnahmen zu einer Ruine, in der die Vegetation wucherte. Erst nach dem Fall der Mauer begann der Wiederaufbau zu einem Ort für kulturelle Veranstaltungen, äußerlich eng am Original, im Inneren aber ohne die einst doppelstöckigen Emporen und ohne jeden Schmuck. Von den vier Kirchen zeigt St. Elisabeth heute die schönste Einbindung in das städtische Umfeld: Vor dem Portikus liegt ein begrünter Platz, seitlich und rückwärtig wird sie von der Randbebauung der Elisabethkirchstraße eingefasst.

St. Paul Badstraße 50, Berlin-Wedding

Bei ihrer Errichtung stand St. Paul wie eine antike Kirche auf einem kleinen Hügel, was heute im Stadtbild nicht mehr wahrzunehmen ist. Ende des 19. Jahrhunderts wurde sie um einen

*Dass St. Paul auf einem kleinen Hügel entstand, ist im heutigen Straßenbild kaum
noch zu erkennen. Ende des 19. Jahrhunderts wurde sie um einen Campanile
erweitert, später kam ein Gemeindehaus hinzu.*

Campanile erweitert, 1910 kam ein Gemeindehaus mit Brauthalle
hinzu. Im Zweiten Weltkrieg wurde die Kirche schwer getroffen
und die Ausstattung zerstört. In den 1950er-Jahren hat man sie
äußerlich rekonstruiert, während die schlichte, moderne Gestaltung im Inneren lediglich abstrakt an die ursprüngliche Raum-
aufteilung erinnert.

Nazarethkirche Leopoldplatz, Berlin-Wedding

Von den vier Kirchenbauten zeigt sich die Nazarethkirche heute
äußerlich am wenigsten verändert. Keine größeren Ergänzungen
entstellen die ursprüngliche Form, und von Kriegszerstörungen

Nur die Nazarethkirche sieht äußerlich noch heute so aus wie zu Schinkels Zeiten. Die schlichte Fassade mit einer Rosette entwarf er in Anlehnung an romanische Kirchen, die ihn auf seiner ersten Italienreise begeistert hatten.

blieb das Bauwerk verschont. Wer sie heute von der Hauptfront her betrachtet, könnte sich in die Schinkelzeit zurückversetzt fühlen. Zwar hatte Friedrich August Stüler auch für diesen Bau eine Erweiterung wie bei St. Johannis geplant, aber stattdessen wurde Ende des 19. Jahrhunderts in unmittelbarer Nähe die größere Neue Nazarethkirche gebaut. In die alte Kirche hat man 1906 eine Zwischendecke eingezogen, um Räume für diakonische und katechetische Arbeit zu gewinnen. Damals erhielt das Erdgeschoss zur besseren Belichtung weitere Rundbogenfenster, außerdem wurde ein Apsis-Umgang für Nebenräume errichtet. In den späten 1970er-Jahren versuchte man, das Obergeschoss in Anlehnung an das Original zu restaurieren. Heute finden dort wieder Gottesdienste statt.

GRABMAL SCHARNHORST

Invalidenfriedhof, Berlin-Mitte
Entwurf 1824, Ausführung 1828–1834

Auf Schinkel dürften viele Grabmäler Berliner Friedhöfe zurückgehen, nur wenige lassen sich aber eindeutig zuordnen. Bemerkenswert ist vor allem das monumentale Grabmal für den General Gerhard Johann David von Scharnhorst, das zu den bedeutendsten in Berlin gehört. Der preußische Heeresreformer hatte 1813 in der ersten Befreiungsschlacht gegen Napoleon bei Großgörschen eine Schusswunde im Knie erlitten, die unzureichend versorgt worden war. Auf dem Weg nach Wien starb er in Prag, wo er beigesetzt wurde. Erst 1826 sollten seine sterblichen Überreste auf den Berliner Invalidenfriedhof überführt werden. Bereits 1822 hatte König Friedrich Wilhelm III. ihm vor der Neuen Wache Unter den Linden ein Standbild von Christian Daniel Rauch errichten lassen – es steht heute auf der gegenüberliegenden Straßenseite.

»Ein Sarcophag von weißem Marmor, an dessen Seiten die Haupt-Momente aus der Lebens-Geschichte Scharnhorst's in Basrelief dargestellt sind, ist auf zwei starken, pfeilerartigen Steinen in beträchtlicher Höhe aufgestellt, so daß die daran befindlichen Kunstwerke vor der Feuchtigkeit sowohl, als vor Angriff geschützt sind«, beschreibt Schinkel das Grabmal in seiner »Sammlung Architektonischer Entwürfe«. »Am Deckstein des Sarcophags stehen die Inschriften und auf den […] Wunsch des Verewigten ist das eiserne Kreuz an den Ecken angebracht.« Auf dem 1834 enthüllten Sarkophag ruht ein von Rauch entworfener schlafender Löwe, der aus der Bronze von eroberten französischen Kanonen gegossen wurde. Den antikischen Fries schuf Christian Friedrich Tieck. Das Grabmal wird von einem schlichten Eisengitter eingefasst. 1996 wurde es restauriert, dabei hat man Sarkophag und Deckstein durch Kopien aus Kunststein ersetzt, die Originale kamen in die Skulpturensammlung der Staatlichen Museen.

Das Grabmal für General Scharnhorst zählt zu den bedeutendsten in Berlin.
Auf dem römisch inspirierten Sarkophag ruht ein von Rauch entworfener Löwe.

KREUZBERG-DENKMAL

Viktoriapark, Berlin-Kreuzberg
Entwurf 1817, Ausführung 1817–1821

Die Wiederentdeckung gotischer Architektur beginnt bereits Mitte des 18. Jahrhunderts. Mit Goethes Aufsatz »Von deutscher Baukunst« gewinnt sie an Bedeutung. In Berlin setzt 1790 Carl Gotthard Langhans der Berliner Marienkirche eine neogotische Haube auf und errichtet wenig später die Gotische Bibliothek in Potsdam. Die Romantik zu Beginn des 19. Jahrhunderts sah in der Gotik den deutschen Stil schlechthin, sie stand für das als goldene Epoche empfundene Mittelalter, für den erhofften Nationalstaat und bürgerliche Freiheiten.

Schinkels Begeisterung für die Gotik geht zurück auf seinen früh verstorbenen, ersten Lehrer und Freund Friedrich Gilly. Dieser hatte 1794 auf einer Reise nach Ostpreußen die Ruine der Marienburg entdeckt. Er verstand sie als preußisch-vaterländisches Monument, fertigte Zeichnungen an, teilweise als Rekonstruktion, und publizierte diese 1802. Zu Schinkels ersten neogotischen Entwürfen zählt ein Mausoleum für Königin Luise aus dem Jahre 1810, das aber nicht realisiert wurde.

Während der Befreiungskriege gegen Napoleon erfuhr die Neogotik eine weitere patriotische Aufladung. Gemälde Schinkels wie der »Gotische Dom am Wasser« (Abb. S. 20/21) zeugen davon. Die Wende zum Sieg brachte die Völkerschlacht von Leipzig 1813. Die daraufhin im Bürgertum diskutierte Idee eines gotischen Domes zur Erinnerung an die Befreiungskriege griff Friedrich Wilhelm III. auf. Drei Projekte konkurrierten miteinander, Schinkel war an allen beteiligt: die Vollendung des Kölner Domes als »Denkmal des Neuen Reiches«, ein »Dom aller Deutschen« auf dem Leipziger Schlachtfeld sowie ein »Dom als Denkmal der Befreiungskriege« auf dem Leipziger Platz in Berlin.

Tatsächlich realisiert wurde der Weiterbau des Kölner Doms und ein vergleichsweise kleines Denkmal, das der König dem

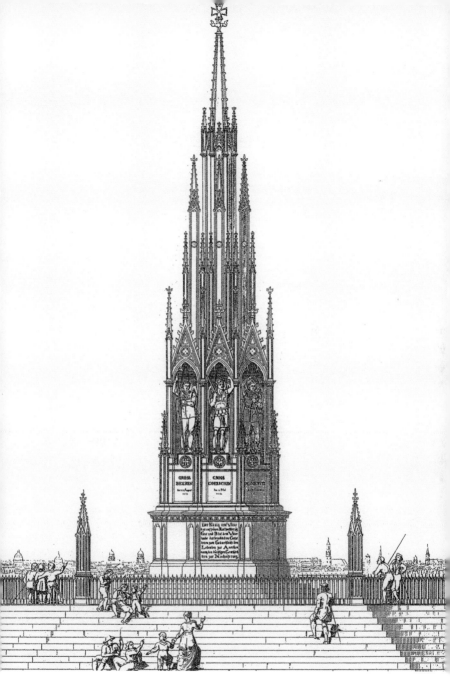

Schinkels Zeichnung des Kreuzberg-Denkmals aus seiner »Sammlung Architektonischer Entwürfe«. Im Hintergrund erkennt man mehrere Kuppeln und Kirchturmspitzen der Berliner Innenstadt.

Volk vor den Toren seiner Hauptstadt auf dem Tempelhofer Berg widmen wollte. Entsprechend lautet die Inschrift: »Der König dem Volke, das auf seinen Ruf hochherzig Gut und Blut dem Vaterlande darbrachte; den Gefallenen zum Gedächtniß, den Lebenden zur Anerkennung; den künftigen Geschlechtern zur Nacheiferung.«

Schinkels Entwurf in Gestalt einer gotischen Turmspitze erinnert an zwölf Schlachten der Befreiungskriege, darunter auch verlorene wie die von Großgörschen. Er selbst beschreibt den Aufbau in den ihm eigenen klaren Worten: »Der Allerhöchst genehmigte, hier vorgestellte Entwurf, welcher von der Königl. Eisengießerei vortrefflich ausgeführt wurde, bildet ein thurmartiges Gebäude, nach den Verhältnissen derer, welche in den Details am Dom zu Cöln gefunden werden. Der Grundriß ist ein Kreuz mit gleichen Balken, ein jeder Balken hat in angemessener Höhe drei Nischen, so daß im Ganzen zwölf Nischen um das Denkmal angebracht sind; jede derselben ist mit einer kolossalen Statue ausgefüllt, in welcher der Genius einer Hauptschlacht characterisirt ist.« Gemessen an den geplanten Großprojekten ist Schinkels Entwurf ein bescheidenes Ergebnis. Fast scheint es, als sei seine Idee eines großartigen Domes im Berg versunken und nur die Turmspitze rage heraus.

Das Skulpturenprogramm ist nicht gotisch, sondern klassizistisch und steckt voller Anspielungen. Die Gesichter der Genien zeigen jeweils Ähnlichkeit mit Persönlichkeiten aus dem Königshaus und der Generalität Preußens. Die überlebensgroßen Figuren wurden nach Schinkels Vorgaben von Christian Daniel Rauch, Friedrich Tieck und Ludwig Wichmann entworfen. Die Spitze des Denkmals ziert das von Schinkel entworfene Eiserne Kreuz – daher der Name des Berges und des Berliner Bezirks, in dem er liegt. Die Ausführung in Eisenguss, dem europaweit gerühmten »Fer de Berlin«, war zugleich ein Zeichen für den industriellen Fortschritt Preußens.

Teil der Denkmalkonzeption sollte außerdem die Aufstellung von sieben verkleinerten Denkmälern in ähnlichem Stil auf den Schlachtfeldern selbst sein. Von ihnen sind heute noch fünf er-

Das Kreuzberg-Denkmal steht heute acht Meter höher als zu Schinkels Zeiten: 1878 wurde das 20 Meter hohe und 200 Tonnen schwere Monument aus Gusseisen per Hydraulik auf einen neuen Sockel gehoben.

halten: in Großgörschen, Haynau, Großbeeren, Katzbach, Varvazov, Niedergörsdorf sowie in Plancenoit bei Waterloo.

Innerhalb der nächsten Jahrzehnte wurde das Denkmal mehr und mehr von Bäumen verdeckt, und höhere Gebäude der Stadt drohten ihm Konkurrenz zu machen. Auf Befehl Kaiser Wilhelms I. wurde das 20 Meter hohe und 200 Tonnen schwere Denkmal 1878 per Hydraulik auf einen acht Meter hohen, neuen Sockel gesetzt. War es ursprünglich in Nord-Süd- und Ost-West-Richtung aufgestellt, ist es seitdem auf die Sichtachse der Großbeerenstraße ausgerichtet.

NEUER PAVILLON

Schlosspark, Berlin-Charlottenburg
Entwurf 1824, Ausführung 1824–1825

Dieser Kubus ist doch fast schon Bauhaus, könnten Anhänger der weißen Moderne sagen. Aber der Neue Pavillon am östlichen Ende des Schlosses Charlottenburg hat keine Fensterschlitze, und er ist auch nicht asymmetrisch. Er ist ein Musterbeispiel des einfachen, vollendet proportionierten Klassizismus Schinkels mit den ihm eigenen feinen Details.

Die Idee zu diesem Bauwerk geht zurück auf eine Reise, die Friedrich Wilhelm III. 1822 unternahm, nachdem er am Kongress von Verona teilgenommen hatte. Während dieser Zeit bewohnte er auch die heute nicht mehr erhaltene Villa Reale Chiatamone bei Neapel. Zur Erinnerung an diese glückliche Episode wünschte er sich ein ähnliches Sommerhaus im Schlosspark von Charlottenburg. Dies sollte ihm und Auguste Fürstin von Liegnitz, die er in zweiter – nicht standesgemäßer – Ehe geheiratet hatte, zugleich als ein privater Rückzugsort dienen. Er wählte den Standort am Ende des östlichen Schlossflügels, wo damals – anders als heute – noch keine Straße über die Spree führte.

Einzig nach den Beschreibungen des Königs lieferte Schinkel 1824 einen Plan und brach zu seiner zweiten Italienreise auf, während der er das vom König so geschätzte Vorbild dann mit eigenen Augen sah. Unterdessen begannen in Berlin die Bauarbeiten. Nach seiner Rückkehr wurden die Interieurs in Angriff genommen, und schon im September 1825 war das Bauwerk weitgehend fertiggestellt. Schinkel hat den Neuen Pavillon nicht in seine »Sammlung Architektonischer Entwürfe« aufgenommen, möglicherweise, weil er die Privatheit des Königs respektieren wollte. Deshalb wurde diesem in sich so geschlossenen Bauwerk lange weniger Aufmerksamkeit geschenkt, als es verdient.

Der Pavillon erhebt sich über einem annähernd quadratischen Grundriss von 18 mal 16,4 Metern mit jeweils zwei iden-

Erinnerung an einen glücklichen Italien-Aufenthalt des Königs: Nach dem Vorbild der Villa Reale Chiatamone bei Neapel entwarf Schinkel den Neuen Pavillon östlich des Schlosses Charlottenburg für Friedrich Wilhelm III.

tischen Fassaden. Im Erdgeschoss akzentuieren verglaste Türen die Mittelachsen, im Obergeschoss öffnet sich nach Westen und Osten eine Loggia mit zwei eingestellten Säulen, nach Norden und Süden jeweils ein Alkoven. Dass man dadurch je nach Tageszeit und Witterung immer ein gutes Plätzchen findet, das hatte dem Monarchen bei der Villa Chiatamone so gut gefallen. Über einen umlaufenden Balkon auf Konsolen mit einem Geländer aus Gusseisen sind die vier Nischen miteinander verbunden. Grüne Fensterläden unterstreichen den ländlichen Charakter, wobei die Fenster an der Nord- und Südseite bis auf eines »blind« sind, also nur aus Gründen der Symmetrie in die Wand gesetzt wurden. Eine Attika schließt das Gebäude ab und kaschiert das flache Zeltdach dahinter. Westlich des Pavillons wird die Sichtachse von zwei Granitsäulen gerahmt, die von zwei Figuren Christian Daniel Rauchs bekrönt werden.

Dem klaren Äußeren entspricht die Anlage der Innenräume um das zentrale Treppenhaus, das durch ein Oberlicht im Dach erhellt wird. Lediglich der Gartensaal im Erdgeschoss mit seiner halbrunden Sitzbank nach pompejanischen Vorbildern hat einen repräsentativen Charakter, während das übrige Raumprogramm von biedermeierlichem Zuschnitt ist: Es gibt Schlaf- und Arbeitszimmer, ein Vortrags- und ein Schreibzimmer, dazu wenige Räume für Personal.

Nach dem Tod Friedrich Wilhelms III. 1840 wurden die Räume nicht mehr privat genutzt, dennoch hat man 1880 das Parkett im Erdgeschoss durch Terrazzoböden ersetzt. 1906 räumte man das Inventar aus, um hier Teile der königlichen Bibliothek unterzubringen, ein Eingriff, der 1936 durch eine erste annähernde Wiederherstellung der Räume rückgängig gemacht wurde. 1943 wurde das Bauwerk durch einen Bombeneinschuss schwer getroffen und brannte mitsamt der Einrichtung aus.

Im Zuge des Wiederaufbaus von Schloss Charlottenburg wurde auch der Neue Pavillon ab 1959 wiederhergestellt. Den Originalzustand von Schinkels Innenarchitektur einschließlich der Wandmalereien nach seinen Entwürfen hat man nur im Vestibül, im Gartensaal und dem Roten Saal mit seinen pompejanischen Tapeten nachgebildet. Die übrigen Räume rekonstruierte man in den Proportionen, den Profilierungen und der einstigen Farbigkeit in Dunkelgrün, Hellblau und Türkis, Flieder, Gelb und Grau und stattete sie mit Möbeln, Gemälden, Büsten und Kleinkunst der Epoche aus. Das durchgehend qualitätvolle Inventar stammte aus anderen Schlössern, aus Zukäufen und aus Schenkungen von Bürgern. 1970 eröffnete das Haus als Museum der Schinkelzeit und wird seitdem auch häufig »Schinkel-Pavillon« genannt.

Von 2007 bis 2011 wurde das Bauwerk erneut instandgesetzt. Im Zuge dieser Arbeiten entdeckte man in den Archiven Textilproben, die zeigen, dass viele Stoffe der ursprünglichen Ausstattung deutlich kräftigere Farben gehabt haben müssen, als man bei der Rekonstruktion während der späten 1960er-Jahre annahm. Die neuen, blau-gelben Vorhänge des Gartensaals geben einen guten Eindruck von der Leuchtkraft der einstigen Komposi-

Nach der Zerstörung des Pavillons im Zweiten Weltkrieg rekonstruierte man beim Wiederaufbau nur wenige Räume originalgetreu, darunter den Gartensaal mit der halbrunden Sitzbank nach pompejanischen Vorbildern.

tion. Das Obergeschoss wird seitdem mit Kunst der Schinkelzeit bespielt. Im Flur hängt ein Porträt Schinkels von Karl Schmidt aus dem Jahre 1835, es folgt ein Raum mit mehreren Schinkel-Gemälden sowie eine Galerie mit fünf Stühlen nach seinen Entwürfen, dann weitere Räume mit Gemälden von bedeutenden Zeitgenossen wie Caspar David Friedrich, Eduard Gaertner und Carl Blechen.

Neben den einzigen bis heute erhaltenen Interieurs Schinkels im Schloss Charlottenhof in Potsdam geben nur noch der Neue Pavillon und Schloss Glienicke ein anschauliches Bild von der Raum- und Dekorationskunst des Baumeisters.

SCHLAFZIMMER der Königin Luise

Schloss Charlottenburg, Berlin-Charlottenburg
Entwurf und Ausführung 1810

Schinkel hat bis ins Jahr 1835 immer wieder Interieurs und Möbel für königliche Schlösser und Palais entworfen. Der größte Teil wurde durch die Zeitläufte und den Zweiten Weltkrieg zerstört, sein Schaffen auf diesem Feld ist aber durch historische Abbildungen gut dokumentiert.

Sein erster Auftrag stammt wohl aus dem Jahre 1807. Die königlichen Gemächer waren durch die französische Besatzung in Mitleidenschaft gezogen worden, und vor der Rückkehr der Regenten aus Ostpreußen sollten sie angemessen hergerichtet werden. Schinkel war an der Ausstattung zweier Räume für Königin Luise im Palais Unter den Linden beteiligt. Er schien ihren Geschmack getroffen zu haben, denn er erhielt 1810, ein halbes Jahr nach ihrer ersten Begegnung beim Besuch eines seiner Schaubilder, den Auftrag für den Entwurf eines neuen Schlafzimmers im Schloss Charlottenburg.

Seine erste Idee war ein freistehendes Himmelbett mit einer zeltartigen Konstruktion, die von Eulen gehalten wird, alles in Tiefblau gehalten, der Farbe der Nacht. Ausgeführt wurde jedoch sein zweiter Entwurf, der farblich die Morgenröte zum Thema hat – ein zartes Rosa dominiert den Raum. Es entsteht durch zwei sich überlagernde Schichten: Vor einer rosafarbenen Papiertapete hängt eine in antiker Manier geraffte, weiße Wandbespannung. Darstellungen von Morgen und Abend findet man immer wieder im Werk des bildenden Künstlers Schinkel.

Als Inspiration für das Bett aus Birnbaumholz dürften Schinkel die im französischen Empire beliebten »Schiffsbetten« gedient haben. Die Kopfenden schmückte er mit Voluten, die Seiten durch ein Girlandenmotiv mit flatternden Bändchen. Auch bei der Gestaltung des übrigen Mobiliars orientierte sich Schinkel an antiken Vorbildern, die beiden Blumentischchen etwa ähneln

Einer der ersten Aufträge des preußischen Königshauses: das Schlafzimmer für Königin Luise. Schinkel entwarf Möbel und Wandbespannung. Es wurde aber kaum genutzt, die Monarchin starb kurz nach der Fertigstellung.

römischen Altären. Die übrige Ausstattung des Zimmers, darunter ein Sofa und sechs Stühle sowie eine Lampe aus Milchglas, sind heute verschollen. Das Ensemble blieb vermutlich bis zum Tode von Luises Gatten Friedrich Wilhelm III. im Jahre 1840 erhalten, wurde dann verändert und erst im Zuge des Wiederaufbaus von Schloss Charlottenburg wiederhergestellt.

Die Königin hat das Schlafzimmer nur kurze Zeit genutzt. Im Sommer 1810 brach sie nach Neustrelitz auf und starb überraschend am 19. Juni auf Schloss Hohenzieritz. Es war nun das Andenken an die populäre Königin, dem Schinkel mehrere, nur zum Teil realisierte Entwürfe widmete.

HUMBOLDT-SCHLOSS

Adelheidallee 19-21, Berlin-Tegel
Entwurf 1819, Ausführung 1820–1824

Seit Mitte des 16. Jahrhunderts stand an dieser Stelle ein Gutshof, der unter Kurfürst Friedrich Wilhelm Mitte des 17. Jahrhunderts zum Jagdschloss umgebaut wurde. Seit 1766 befand sich das Anwesen im Besitz der Familie von Humboldt. Nach der Erbteilung mit seinem Bruder Alexander war Wilhelm von Humboldt gemeinsam mit seiner Frau Caroline der Hausherr. Der preußische Bildungsreformer kannte Schinkel seit einer Begegnung in Rom und beauftragte den Architekten mit dem Ausbau des Hauses zu einer griechisch inspirierten Villa, in der er zugleich seine bedeutende Antikensammlung zeigen wollte.

Schinkel fand ein längliches, rechteckiges Gebäude mit einem Turm vor. Er ergänzte einen parallel angefügten Trakt, wodurch sich die Grundfläche mehr als verdoppelte, und übernahm das Turmmotiv an den weiteren drei Ecken. Während er die alte Gutshoffassade beließ, schuf er eine neue, horizontalbetonte Gartenfront, die durch Gebälk und Pilaster gegliedert wurde, dazu entstand ein weiteres Obergeschoss. Die Ecktürme erhielten ein eigentümliches Gesicht durch die schmalen Doppelfenster und jeweils zwei Reliefs von Windgöttern unter dem Abschlussgesims, die Christian Daniel Rauch nach dem Vorbild des Athener »Turms der Winde« gestaltete. Der gesamte Bau ist schneeweiß verputzt, an den Türmen in schmalen, horizontalen Streifen.

Auch die Innengestaltung ist bis heute fast unverändert erhalten. Zwischen alter und neuer Halle hat Schinkel zwei dorische Säulen eingestellt, davor steht der antike Calixtusbrunnen, für den der Papst die Ausfuhrgenehmigung erteilt hatte. Im Obergeschoss wurde ein Saal für die Gipsabgüsse gestaltet. So entstand ein Gesamtkunstwerk ganz nach dem Geschmack des antikenbegeisterten Besitzers. Bis heute ist das Haus in Privatbesitz und kann deshalb nur nach Vereinbarung besichtigt werden.

Schinkels Entwurf für den Umbau des Vestibüls. Vor den dorischen Säulen steht der antike Calixtusbrunnen, für dessen Ausfuhr aus Italien der Papst die Genehmigung erteilen musste.

Die neue Gartenfront Schinkels lässt nicht erahnen, dass im Humboldt-Schloss ein umgebauter Gutshof aus dem 16. Jahrhundert steckt. Die Reliefs unterhalb der Turm-dächer sind dem Athener »Turm der Winde« entlehnt.

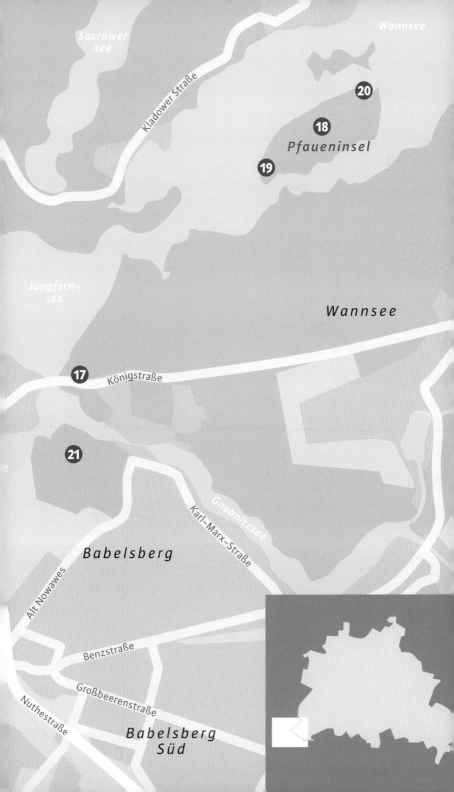

SCHLOSS GLIENICKE

Königstraße 36, Berlin-Zehlendorf
Ausführung 1824–1837

Seit Ende des 17. Jahrhunderts wurde Glienicke als Jagdrevier
genutzt. Für diesen Zweck ließ der damalige Kurprinz südlich
der heutigen Königstraße ein kleines Schloss errichten, nördlich
entstand um 1747 ein Gutshof, der Ursprungsbau für das heutige
Schloss Glienicke. Das Gutshaus hat Schinkel in seiner Karriere
zweimal umgebaut. Den ersten Auftrag erhielt er vom Kaufmann
Rudolph Rosentreter, kurz bevor das Anwesen 1814 vom Staats-
kanzler Fürst Karl August von Hardenberg erworben wurde.
Dieser beauftragte den Gartenarchitekten Peter Joseph Lenné mit
einer Neugestaltung des Parks. Schinkel veränderte das Äußere
im Stil der französischen Revolutionsarchitektur, im niedrigen
Erdgeschoss gestaltete er einen dreiteiligen Gartensaal, ergänzte

Für den Entwurf des Schlosses musste Schinkel – wie in anderen Fällen auch – ein bestehendes Bauwerk als Ausgangspunkt seiner Planungen nehmen.

ein doppelläufiges Treppenvestibül und im Hauptgeschoss einen Festsaal, der die gesamte Tiefe des Gebäudes nutzte.

Nach Hardenbergs Tod 1824 kaufte Prinz Carl von Preußen das Anwesen, der dritte Sohn von König Friedrich Wilhelm III. und Königin Luise. Der leidenschaftliche Sammler und Antikenliebhaber wollte aus dem Ensemble einen repräsentativen Sommersitz im klassizistischen Stil machen. Er beauftragte wiederum Schinkel und Lenné mit einer Neugestaltung, die bis heute das Ensemble prägt. Es war der Auftakt für weitere Ergänzungen der Parklandschaft unter Carls Regie, die fast 60 Jahre andauern sollten, bis der Prinz 1883 im hohen Alter starb.

Schinkel ersetzte das hohe Walmdach des Gutshofes durch eine Attika mit Vasen, im Osten ergänzte er den abgewinkelten, niedrigeren Hofdamenflügel, nach Westen fügte er – ebenfalls rechtwinklig – einen längeren Seitenflügel in der Höhe des Haupthauses an. Die Fenster wurden vergrößert, im pfeilerbetonten Mittelrisalit sogar zur vollen Raumhöhe, und sie erhielten zum

Das Bassin mit Fontänen zwischen Schloss und Straße gestaltete Schinkel nach dem Vorbild einer Brunnenanlage der römischen Villa Medici. Die Löwen waren ein Geschenk der Zarin an ihren Bruder Prinz Carl.

Teil Fensterläden. Statt über den einstigen direkten Zugang von Süden betritt man das Schloss seitdem von Osten her und gelangt über den begrünten Innenhof zum rückwärtigen Eingang im Mittelrisalit. Das im Winkel leicht versetzte Kavaliershaus übernahm Schinkel, stockte es um ein Geschoss mit überstehendem Walmdach auf und passte die Fassaden denen des Schlosses an. Nach Norden ergänzte er eine eingeschossige Remise mit Rundbögen. 1832 stellte er zwischen Kavaliershaus und Remise einen Belvedere-Turm, die höchste Erhebung der Anlage. So entstand ein Ensemble, das einheitlicher und repräsentativer war, aber immer noch reizvolle kleine Asymmetrien zeigte. Die Verlängerung des Hofdamenflügels bis zum vorher freistehenden Zugangspavillon von Ludwig Persius ist eine Zutat aus dem Jahre 1950.

Schinkels schönste Schöpfung im Park von Glienicke ist – neben dem Schloss – das Kasino. An einem idealen Aussichtspunkt oberhalb des Uferweges gelegen, bietet es nicht nur einen weiten Blick über den Jungfernsee, sondern bildet selbst ein maleri-

Erst 1988 wurden einige der zerstörten Räume wiederhergestellt. Im Roten Saal schaffen raumhohe Fenster eine enge Beziehung zum Park. Die Büste zeigt den Hausherrn Prinz Carl in jungen Jahren.

sches Motiv, wenn man es aus der Ferne über das Wasser hinweg betrachtet. Auch hier fand Schinkel bereits ein Gebäude vor – ein älteres Billardhaus. Bevor er mit dem großen Umbau des Schlosses für Prinz Carl begann, konnte er beim Kasino schon einmal in kleinerem Maßstab das klassizistische Vokabular für das Hauptgebäude erproben. Schinkel behielt den u-förmigen Grundriss des Billardhauses bei, ersetzte aber das Walmdach durch ein weiteres Geschoss. Heller Quaderputz, Fensterläden und eine Attika mit Vasen geben dem Gebäude einen klassischländlichen Charakter. Zu beiden Seiten fügte er langgestreckte, von Weinlaub umrankte Pergolen an, die das Kasino mit der Landschaft verbinden. Die im Halbrund vorspringende Terrasse zur Seeseite war als Teeplatz gedacht. Im Erdgeschoss entstanden durch das Entfernen von zwei Wänden der Marmorsaal und das Südkabinett. In diesen Räumen und im angrenzenden Park platzierte der Prinz Teile seiner Antikensammlung. Das Kasino war als Reminiszenz an die von Carl so geschätzten Landhäuser am

Golf von Neapel gedacht, und es wurde zur Freude des Prinzen eine vielbeachtete Attraktion, die zeitweilig seinen Lebensmittelpunkt bildete. Nach dem Zweiten Weltkrieg wurden die beiden Säle anhand erhaltener Reste wiederhergestellt. Dabei hat man auch die Deckenbemalung des Südkabinetts rekonstruiert – eine der aufwendigsten Verzierungen, die von Schinkel je für ein Zimmer entworfen wurde. Antike Kunstwerke vermitteln heute einen Eindruck von der ursprünglichen Ausstattung.

Von den zahlreichen Kleinarchitekturen im weitläufigen Park gehen mehrere auf Schinkel zurück. 1826 machte er aus einem Teehaus direkt an der Königstraße (»Kleine Neugierde«) ein antikisierendes Tempelchen in formaler Anpassung an das Schloss. Die heutige Front im Stil der Florentiner Renaissance ist eine spätere Ergänzung. Im nördlichen Teil des Parks baute Schinkel 1828 ein Familienhaus zum Jägerhof für die königliche Hundemeute um, die Formen entlehnte er neogotischen englischen

Das Kasino entstand nach neapolitanischen Vorbildern. An einem idealen Aussichts-punkt gelegen, eröffnet sich von hier ein weiter Blick über den Jungfernsee.

Landhäusern. 1835 entwarf er im Zusammenhang mit der neuen steinernen Glienicker Brücke eine Rotunde für die Südwestecke des Parks, die den von Potsdam kommenden Besucher empfängt und einen weiten Ausblick auf die Seenlandschaft eröffnet, wes-halb sie auch »Große Neugierde« genannt wird. Sie ist bekront von einem Aufbau in den Formen des Athener Lysikrates-Mo-numents. Wegen der Erweiterung der Königstraße hat man die-sen Rundtempel 1938 versetzt, wobei er zugleich verdreht wur-de. Nach Schinkels Entwürfen wurde 1837 die Löwenfontäne im Park unterhalb der Schlossfront errichtet, als Vorbild diente ihm eine Brunnenanlage der römischen Villa Medici. Die goldenen Löwen hatte Prinz Carl als Geschenk von seiner Schwester erhal-ten, der Zarin Alexandra Feodorowna.

Carls Enkel, Prinz Friedrich Leopold, verließ 1918 Schloss Glienicke, um seinen Wohnsitz nach Lugano zu verlegen; einen

Das Südzimmer mit einer Deckenmalerei aus Sternenhimmel, Fruchtgirlanden und goldgelbem Lattenwerk. Einst zeigte Prinz Carl hier Teile seiner umfangreichen Sammlung antiker Skulpturen und Fragmente.

Von dem Rundtempel im Südwesten des Parks von Glienicke konnten die Gäste des Prinzen den Verkehr auf der Straße zwischen Berlin und Potsdam beobachten. Die Bekrönung entwarf Schinkel nach einem antiken griechischen Vorbild.

Großteil der Ausstattung versteigerte er. Später überschrieb er das Ensemble zur Schuldentilgung der Deutschen Bank, von der es dann per Tausch in den Besitz der Reichshauptstadt gelangte. Es folgte eine Zeit des Verfalls mit wechselnden Nutzungen, die das Innere entstellten. Erst seit 1966 ist das Ensemble im Besitz der staatlichen Schlösserverwaltung. Zu Schinkels 200. Geburtstag 1981 hat man die Große Neugierde saniert und die Orangerie rekonstruiert. 1988 wurden für eine Sonderausstellung die Schlossräume in der Farbigkeit und Einrichtung der Schinkelzeit ausgestattet, teilweise fast im Original. Noch vorhandene Stücke des einstigen Inventars wurden durch Objekte aus anderen Berliner Schlössern ergänzt, darunter Möbel, Kandelaber und Vasen nach Schinkels Entwürfen.

KAVALIERSHAUS

Pfaueninsel, Berlin-Zehlendorf
Entwurf um 1824, Ausführung 1824–1826

Die Pfaueninsel hieß noch »Kaninchenwerder«, als König Friedrich Wilhelm III. sie im Jahre 1793 kaufte. Über die Jahre entstand hier eine kunstvoll komponierte Parklandschaft mit einer Menagerie und einem kleinen Tierpark, in dem auch Pfauen gehalten wurden – daher der neue Name der Insel. 1924 wurde sie Naturschutzgebiet. In den Landschaftspark ist ein Dutzend originelle Kleinarchitekturen eingestreut.

Der Anstoß für den Umbau des Kavaliershauses kam aus Danzig. Dort sollte 1822 ein spätgotisches Patrizierhaus abgerissen werden, was zu Protesten führte. Der König erwarb daraufhin die Fassade, die unter Aufsicht Schinkels abgetragen und per Schiff nach Berlin gebracht wurde. Der König wollte sie auf der Pfaueninsel als freistehende Skulptur präsentieren, aber Schinkel setzte sich mit seinem Vorschlag durch, sie in den Umbau des Kavaliershauses zu integrieren. Dazu wurde der südliche Turm durch einen Neubau ersetzt, dem man die historische Fassade vorblendete. Die Front des ursprünglichen Baus überformte Schinkel in Anpassung an die Danziger Spätgotik. Im Schinkel-Jahr 1981 wurde die Nadelholzgruppe vor das Gebäude gepflanzt, die nach dem Plan des Architekten an dieser Stelle die Front malerisch unterbrechen sollte.

Nach einer Skizze Schinkels wurde das Schweizerhaus im Südwesten der Insel errichtet, das von Gartenpersonal und Dienerschaft genutzt wurde. Schinkel hatte auf seinen Reisen in den Süden immer wieder alpenländische Häuser gezeichnet. Sein Entwurf für die Pfaueninsel ist weniger eine detailgenaue Studie des Bautyps als vielmehr ein Abbild bäuerlichen Lebens.

Im Norden der Insel steht ein dorischer Sandsteinportikus von Schinkel, der einst das Luisen-Mausoleum im Park Charlottenburg zierte.

Das Kavaliershaus ist eine Collage: Die Fassade des rechten Turms stammt von einem abrissbedrohten Patrizierhaus in Danzig, sie wurde nach Berlin verschifft. Entsprechend überformte Schinkel das alte Kavaliershaus.

Eine Skizze für das Schweizerhaus im Südwesten der Insel. Schinkel hatte auf seinen Reisen nach Süden immer wieder alpenländische Häuser gezeichnet, er interessierte sich für diesen Bautypus.

SCHLOSS BABELSBERG

Schlosspark Babelsberg, Potsdam-Babelsberg
Entwurf 1833, Ausführung des 1. Bauabschnittes 1834–1835

Von allen Bauten Schinkels in Berlin und Potsdam weicht Schloss
Babelsberg am stärksten von seinem ursprünglichen Entwurf ab.
Das liegt zum einen daran, dass Schinkel starb, bevor das Schloss
vollendet werden konnte, zum anderen an der Bauherrin, der
späteren Kaiserin Augusta, die sehr eigene architektonische Vorstellungen hatte und zum Teil auch durchsetzte. Dennoch nahm
Schinkel seinen Plan in die »Sammlung Architektonischer Entwürfe« auf.

Auf einer Anhöhe am Wasser mit wunderbarer Fernsicht sollte ein Schloss für den Prinzen Wilhelm im damals populären mittelalterlichen Stil entstehen.

Schon früh soll Prinz Wilhelm, der spätere Kaiser Wilhelm I., ein Auge auf den Babelsberg geworfen haben, wollte er doch auch über ein Sommerschloss verfügen wie seine beiden Brüder Friedrich Wilhelm (Charlottenhof) und Carl (Glienicke). Nach einem Besuch bei seinem Vetter Friedrich, der sich eine alte Burg am Rhein hatte umbauen lassen, war klar, dass sich Wilhelm und seine Frau Augusta von Sachsen-Weimar einen Bau im damals populären romantisch-mittelalterlichen Stil wünschten. 1833 überschrieb König Friedrich Wilhelm III. seinem zweiten Sohn den Babelsberg, und bald begann Schinkel mit den Planungen.

Sein Entwurf nach Vorbildern des englischen Burgenstils sah eine asymmetrische Anlage in einer Dreieckskomposition vor, rückwärtig zum Hang sollte ein langgezogener zweiter Bauab-

Schinkels Entwurf für die Ausmalung des achteckigen Speisesaales mit den vollverglasten gotischen Fenstern. Er ist einer der wenigen Räume, die bis heute die Konzeption des Architekten erkennen lassen.

schnitt folgen. Das Ensemble wird akzentuiert durch einen achteckigen Saal mit vollverglasten gotischen Fenstern, die einen weiten Rundumblick auf Havel und Glienicker Brücke eröffnen, und durch einen festungsartigen Aussichtsturm als westlichem Abschluss. Augusta nahm im Zuge der Realisierung immer wieder Einfluss, durchaus kenntnisreich, denn sie war kunstinteressiert, hatte von Goethe Zeichenunterricht erhalten und viel über gotische Architektur in England gelesen – aber sie liebte es üppiger als der Architekt. Bemerkenswert ist das Fassadenmaterial: Schinkel verwendete gelbe märkische Klinker und dunkleren Mörtel. Nur die Strebepfeiler sind so verputzt, dass sie wie Sandstein aussehen.

Ein Jahrzehnt lang wurde der erste fertiggestellte Bauabschnitt bereits genutzt. Ab 1844 ergänzte dann der Schinkel-Schüler Johann Heinrich Strack einen viel umfangreicheren Erweiterungsbau, als ihn der Meister vorgesehen hatte. Strack und Augusta waren sich in ihren Vorstellungen ähnlicher. Hinter

In der heutigen Ansicht von Schloss Babelsberg erkennt man zur Linken die Anfänge des Bauwerks von Schinkel. Das neue Oktogon des Tanzsaals dahinter und die Partien rechts davon sind spätere Ergänzungen.

Schinkels kleinem Oktogon entstand ein weiteres, viel größeres: der dreistöckige Tanzsaal. Dazu kamen ein großer Speisesaal und eine Wohnung für Tochter Luise, die spätere Großherzogin von Baden. Verwirklicht wurde schließlich Schinkels Idee eines abschließenden Wehrturms – wenn auch deutlich aufgestockt.

In den Jahrzehnten bis zum Tod Kaiser Wilhelms I. im Jahre 1888 wurde der Park von Babelsberg zu einem Gesamtkunstwerk aus Gartengestaltung und Kleinarchitekturen. Die Inneneinrichtung des Schlosses ging 1945 durch Plünderungen verloren, während der DDR-Zeit zogen wechselnde Nutzer ein. Entstellende Zusatzgebäude aus dieser Zeit wurden inzwischen wieder abgerissen. Voraussichtlich bis zum Ende des Jahres 2015 soll das Schloss saniert werden.

POMONATEMPEL

Pfingstberg, Potsdam
Entwurf 1800, Ausführung 1801

Auf einem Weinberg nördlich der Potsdamer Innenstadt entstand Schinkels erstes eigenständiges Bauwerk: der Pomonatempel. Fast wäre er im Laufe der Geschichte vollkommen verschwunden. Denn zu DDR-Zeiten hatte man ihn verfallen lassen, sodass am Ende der deutschen Teilung nur noch Reste der Grundmauern standen.

Der Besitzer des Grundstücks, der Geheime Rat Carl Ludwig von Oesfeld, wollte um 1800 einen älteren, verfallenen Pomona-Pavillon an dieser Stelle durch einen Neubau ersetzen und beauftragte damit den damals 19-jährigen Schinkel. Dieser entschied sich – zehn Jahre nach Langhans' wegweisendem Brandenburger Tor – ebenfalls für einen klassizistischen Bau: einen zierlichen ionischen Tempel auf quadratischem Grundriss, vermutlich nach dem Vorbild der Nordvorhalle des Erechteions auf der Athener Akropolis. Der Portikus mit vier Säulen ist nach Süden ausgerichtet, wo sich eine wunderbare Aussicht eröffnet. Über einen runden Treppenturm an der Rückseite des Tempels gelangt man auf die Dachterrasse. Das bekrönende Zeltdach ist auf Schinkels beiden überlieferten Skizzen nicht eingezeichnet, es dürfte eine spätere Zutat sein. Die verwendeten Baumaterialien machte Schinkel unsichtbar: Den Backsteinkubus überzog er mit einem Quaderputz, der einen Natursteinbau suggeriert, die hölzernen Säulen erhielten einen Anstrich mit Ölfarben, der ebenfalls Stein vermuten lassen sollte.

Die neue Attraktion auf dem Weinberg sprach sich herum, und zu Pfingsten 1804 schaute sich das Königspaar Friedrich Wilhelm III. und Luise den Tempel an. Dreizehn Jahre später kaufte der Monarch die Anhöhe von den Erben Oesfelds und taufte sie in Erinnerung an den damaligen Besuch mit seiner inzwischen verstorbenen Gemahlin auf den Namen »Pfingstberg«.

Fast zu frisch, um wahr zu sein: In kräftigen Farben erstrahlt das erste Bauwerk des jungen Schinkel. Es war zu DDR-Zeiten bis auf die Grundmauern verfallen. Nach der Wende wurde es durch eine private Initiative rekonstruiert.

Ein Abriss drohte dem Tempel erstmals, als Friedrich Wilhelm IV. einen neuen Palast für den Pfingstberg entwarf, dem Schinkels Erstlingswerk hätte weichen müssen. Aber die Pläne wurden nicht umgesetzt. Auch den Zweiten Weltkrieg überstand das Bauwerk unbeschadet. Den Garaus machte ihm die Teilung Deutschlands: Das Areal war Grenzgebiet und wurde von der Roten Armee belegt. So war der einstige Weinberg, der noch bis ins 20. Jahrhundert kultiviert worden war, jahrzehntelang nicht öffentlich zugänglich. Der Pomonatempel verfiel. Erst nach der Wiedervereinigung kehrte er dank privater Initiative in die Potsdamer Parklandschaft zurück.

NIKOLAIKIRCHE

Am Alten Markt, Potsdam
Entwurf 1829, Ausführung 1830–1850

Dieser größte Kirchenbau Schinkels stand nach dem Zweiten Weltkrieg Jahrzehnte lang in einer städtischen Einöde. Dass der Alte Markt früher einer der zentralen Plätze Potsdams war, wussten während jener Zeit nur ältere Stadtbewohner und Fachleute. Der Ort war durch Bomben schwer getroffen worden, und später riss man die Marktbebauung einschließlich der Ruine des Stadtschlosses ab. So leisteten für lange Zeit nur noch das wiederaufgebaute Rathaus und der Obelisk der imposanten Kuppelkirche historische Gesellschaft, flankiert von Plattenbauten aus DDR-Zeiten.

Seit dem Mauerfall nimmt der Alte Markt langsam wieder Gestalt an: Es begann mit der Rekonstruktion des Fortunaportals, gefolgt vom Neubau des brandenburgischen Landtags hinter den Fassaden des Stadtschlosses, und auch der benachbarte Palazzo Barberini soll zurückkehren. Wenn auch noch die Fachhochschule einem Neubau weicht, werden jene Dimensionen des Platzes wiederhergestellt sein, für die Schinkel die Nikolaikirche einst entworfen hatte.

Die barocke Nikolaikirche, die zuvor an dieser Stelle stand, war in den 1720er-Jahren errichtet wurden, Friedrich der Große hatte ihr 1755 eine verkleinerte Kopie der Kirche Santa Maria Maggiore in Rom vorblenden lassen. Dieses Ensemble brannte 1795 ab. Es sollte 30 Jahre dauern, bis ein Neubau an gleicher Stelle in Angriff genommen wurde – erst wegen der napoleonischen Kriege, später wegen der Sparsamkeit von König Friedrich Wilhelm III. Von Anfang an wollte Schinkel hier eine Kuppelkirche errichten, inspiriert von seiner jüngsten Reise nach Paris und London: Das Panthéon und St. Paul's Cathedral gelten als Vorbilder seines Entwurfs. Der Kronprinz unterstützte ihn, aber dem Monarchen war eine Kuppel zu teuer.

Noch steht die Nikolaikirche wie ein Solitär am Alten Markt. Durch Neubauten sollen in den nächsten Jahren die einstigen Dimensionen des Platzes wiederhergestellt werden.

So entwarf Schinkel 1826 ein würfelförmiges Gotteshaus auf quadratischem Grund mit flachem Satteldach über einem Dreiecksgiebel und einem davorgestellten korinthischen Portikus. Vor allem durch große Thermenfenster an beiden Seiten konnte viel Licht in den ansonsten fast geschlossenen Kubus fallen. Rückwärtig befand sich eine Altarnische mit einer Halbkuppel. Die Glocken waren in den vier Ecken vorgesehen, die deshalb jeweils Schallöffnungen erhielten. Schinkel hatte die gesamte Konstruktion so angelegt, dass man zu einem späteren Zeitpunkt seine ersehnte Kuppel nachträglich ausführen konnte. Bei der Einweihung 1837 soll sogar dem König die schlechte Akustik der flachen Decke aufgefallen sein, er sprach angeblich von einer »Dorfkirche«.

1840 bestieg der Kronprinz als Friedrich Wilhelm IV. den Thron. Drei Jahre später erteilte er dem Schinkel-Schüler Ludwig Persius den Auftrag, den ursprünglichen Plan des verstorbenen Meisters mit Kuppel zu Ende zu bauen. Zur Absicherung der Kuppellast ergänzte Persius zunächst vier bei Schinkel nicht vorgesehene Glockentürme an den Ecken. Statt einer hölzernen Innenkuppel wählte er eine aus hohlen Tongefäßen. Aber auch Persius erlebte die Vollendung nicht mehr. Nach seinem Tod 1845 führte Friedrich August Stüler den Bau zu Ende. Für die Außenkuppel wurde erstmals in Deutschland eine Eisenkonstruktion gebaut, die auf Walzen ruhte, hergestellt in der Fabrik von August Borsig.

Im Zweiten Weltkrieg wurde der Portikus ganz und die Kuppel zur Hälfte vernichtet. 1956 bis 1959 baute man lediglich die Kuppel wieder auf, diesmal als Stahlfachwerkkonstruktion, die Laterne kam 1962 hinzu. In der zweiten Bauphase erfolgte von 1968 bis 1977 die Beseitigung der Zerstörungen an der Außenfassade und der Wiederaufbau des Säulenportikus am Alten Markt. Während der zweiten Bauphase wurde ab 1975 das Innere der Kirche restauriert, dabei auch das Dekor wiederhergestellt oder nach den Plänen Schinkels rekonstruiert.

Um Räume für die verschiedenen Anforderungen moderner Gemeindearbeit zu schaffen, hat man die Säulen der Seitenempo-

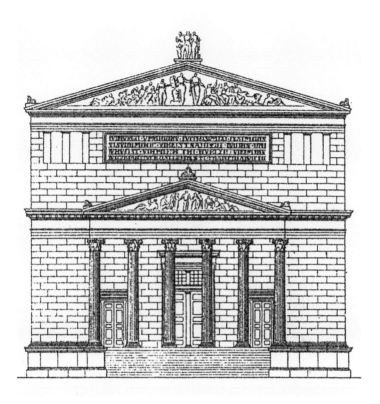

Friedrich Wilhelm III. war Schinkels majestätische Kuppel zu teuer. Deshalb wurde zunächst nur diese Version mit flachem Satteldach gebaut. Erst nach dem Tod des Architekten ließ Friedrich Wilhelm IV. die Kuppel ergänzen.

ren vorgezogen und deren Zwischenräume mit Rauchglasscheiben geschlossen, ebenso bei den Säulen hinter dem Haupteingang. Seitdem ist der Grundriss des griechischen Kreuzes nicht mehr erkennbar, auch dringt kein Licht mehr durch die unteren Seitenfenster in den Innenraum. Nach Ausschachtungsarbeiten entstanden Kellerräume für technische und sanitäre Anlagen, ein Jugendraum und eine Teeküche. Um die Akustik zu verbessern, wurden Kassettenplatten im Tambour und an den seitlichen Gewölben angebracht. Seit der Absenkung des Alten Marktes 2005 und der Ergänzung von drei Treppenstufen hat der Aufgang wieder die von Schinkel entworfenen Proportionen.

SCHLOSS CHARLOTTENHOF

Park Sanssouci, Potsdam
Entwurf 1825, Ausführung 1826–1827

Das Ensemble Schloss Charlottenhof und Römische Bäder nimmt eine Sonderstellung in Schinkels Werk ein. Es sind zwei Meisterwerke des romantischen Klassizismus, in denen sich seine Kunst in vielfältiger Weise verdichtet. Ausgangspunkt ist, wie so oft, ein bestehendes Gebäude, es mischen sich griechische und römische Antike und das ländliche Italien, malerisch gruppiert und eingebettet in eine kunstvoll gestaltete Parklandschaft. Und beide Bauwerke wurden nie wesentlich verändert oder zerstört, wodurch sie außen wie innen ihre Authentizität bis ins Detail bewahrt haben. Es ist Schinkel auf engstem Raum und aus erster Hand.

Ein klassizistisches Idyll im Morgenlicht. Schloss Charlottenhof am Südrand des Parks von Sanssouci ist eines der am besten erhaltenen Bauwerke Schinkels.

Seit 1754 gab es hier ein Landgut Charlottenhof, benannt nach Maria Charlotte von Gentzkow. Als es 1825 zum Verkauf stand, nutzte Friedrich Wilhelm III. die Gelegenheit und erwarb es, um den langgestreckten Park von Sanssouci nach Süden zu erweitern. Ein Jahr später schenkte er Haus und Gelände dem Kronprinzen Friedrich Wilhelm zu Weihnachten. Dieser beauftragte Schinkel und den Gartenarchitekten Peter Joseph Lenné mit einer umfassenden Neugestaltung, zu der er selbst Ideen beitrug. Der Prinz nannte diesen Rückzugsort sein »Siam«, nach dem Verständnis der Zeit »das Land der Freien«, sich selbst »Siamhouse architect« oder »Frederigo Siamese«.

»Der Aufwand für die Umgestaltung sollte im Verhältnis dieser kleinen Besitzung mäßig seyn«, schreibt Schinkel in seiner »Sammlung Architektonischer Entwürfe«, »und deshalb der Bauplan des Wohnhauses so angelegt werden, daß von dem alten

Gebäude möglichst viel benutzt würde«. Inspiriert von den Villenbeschreibungen des römischen Dichters Plinius des Jüngeren machte er aus dem barocken Gutshaus eine antike Villa. Das Walmdach wurde abgetragen, der Mittelrisalit beibehalten, aber zusätzlich betont: im Westen durch den Haupteingang mit neuem Treppenhaus, nach Osten durch einen dorischen Portikus, beide durch ein flaches Satteldach verbunden. Zu dessen Seiten schließt jeweils eine Attika das Gebäude ab. Nach Norden wurde ein halbrunder Erker angefügt, der vom Schlafzimmer aus einen Panoramablick in den Park eröffnet.

Auf der Ostseite ließ Schinkel das Gelände bis zur Oberkante des Sockels aufschütten, wodurch eine längliche Gartenterrasse entstand, die vom Speisesaal aus unmittelbar zugänglich ist. Südlich wird die Terrasse von einer Pergola eingefasst, nach Osten von einer Rundbank aus Marmor, hinter deren Rücken ein Rosengarten liegt; nach Norden fällt sie ab zu einem Wasserbassin,

Auf Schinkels Zeichnung blickt man von der steinernen Rundbank über die sprudelnde Fontäne zum Schloss Charlottenhof und durch den Park bis zum barocken Neuen Palais in der Ferne.

in dem eine Säule mit dem Porträt der Prinzessin Elisabeth von Bayern steht, der Gattin des Kronprinzen. Eine Referenz an ihre Heimat sind die blau-weißen Fensterläden. Insgesamt – lobt sich Schinkel später selbst – zeige sich hier, »wie man durch sinnreiche Anordnungen auch im kleinsten Maßstabe mit geringeren Mitteln und wenig begünstigter Natur etwas sehr Charakteristisches und Anmuthiges hervorzubringen im Stande ist«.

Durch das von zwei Eckbänken gerahmte Eingangsportal mit seinen Schiebetüren gelangt man in das Vestibül, das in der Art orientalischer Hofhäuser von einem Brunnen dominiert wird. Seitlich führen zwei Treppen zum Hauptgeschoss hinauf. Über die Eingangstür setzte Schinkel ein Fenster, dessen blaues Glas mit den gelben Sternen an sein Bühnenbild für den Auftritt der Königin der Nacht in der »Zauberflöte« erinnert. Besonders an

Aus der Luft wird die Komposition deutlich (v. l.): »Dichterhain«, Schloss Charlotten-

hof, Rosengarten und der Maschinenteich, der zu den Römischen Bädern überleitet.

Das Arbeitszimmer des Kronprinzen. Links am Schreibtisch steht ein Drehstuhl aus Mahagoni, rechts ein von Schinkel entworfener Spezialsessel auf Rollen mit einem in die Armlehne integrierten Lesepult.

sonnigen Nachmittagen wird der Raum dadurch in ein ganz eigentümliches Licht getaucht.

Eine Folge von zehn vergleichsweise kleinen Zimmern hat Schinkel gestaltet und mit eigenen Möbelentwürfen bestückt, jedes in einem anderen Farbklang: das Arbeitszimmer des Kronprinzen und das Schlafzimmer in Dunkelgrün, Braun und Gold; das Arbeitszimmer der Kronprinzessin in Rosa, Hellgrün und Silber; der Speisesaal festlich-hell mit Akzenten in Purpurrot und Gold. Bemerkenswert ist das nach Art römischer Feldherrenzelte gestaltete Zimmer für die Hofdamen mit den blau-weiß gestreiften Tapeten an Wänden und Decke, ein Motiv, das damals in Europa en vogue war. Hier und im angrenzenden Salon wohnte zeitweilig Alexander von Humboldt, während er sein Hauptwerk »Kosmos« schrieb. Wie bei keinem anderen von Schinkel ent-

Im Stil römischer Feldherrenzelte wurde das Zimmer für die Hofdamen der Kronprinzessin gestaltet. Stoffbahnen hängen über den Betten, an Wänden und Decke ist der Stoff nur vorgetäuscht, es handelt sich um bemalte Papiertapeten.

worfenen Interieur ist in Charlottenhof fast die komplette Ausstattung erhalten – bis hin zum gläsernen Waschgeschirr für die Morgentoilette oder das Bänkchen vor dem Lesesessel, das der Kronprinz in den oft fußkalten Räumen nutzte. Alles wirkt, als hätten die einstigen Bewohner das Haus eben erst verlassen.

Westlich des Schlosses wurde ein »Dichterhain« gepflanzt mit Stelen und Porträtbüsten, die die Baumreihen säumen: Auf der einen Seite sieht man Goethe, Schiller, Herder und Wieland, auf der anderen Ariost, Tasso, Dante und Petrarca. Dahinter schließt sich ein Hippodrom inmitten eines dichten Baumbestands an. Die ganze Parklandschaft ist komponiert aus weiten Wiesenflächen, geschwungenen Wegen und sorgfältig platzierten Gruppen von Kastanien, Buchen, Pappeln, Eichen, Platanen und Sträuchern, Nadelgehölzen, Birken und Ahornbäumen.

RÖMISCHE BÄDER

Park Sanssouci, Potsdam
Entwurf ab 1828, Ausführung 1829–1844

Der Umbau von Schloss Charlottenhof lag bereits zwei Jahre zurück, als Schinkel den Auftrag für ein weiteres Gebäude in Sichtweite erhielt: das Gärtnerhaus, ein italienisch-ländliches Pendant zum antikischen, etwas repräsentativeren Charlottenhof, mit dem es durch Blickachsen und Parkgestaltung verbunden sein sollte. Kronprinz Friedrich Wilhelm war 1828 begeistert von einer Italienreise zurückgekehrt und hatte sich vorgenommen, die Potsdamer Landschaft sukzessive mit Architekturen im italienischen Stil zu verschönern.

Schinkel interessierte sich schon während seiner ersten Italienreise 1804 für die italienischen Landhäuser und zeichnete immer wieder Beispiele dieses Gebäudetypus. Entsprechende Elemente gingen in seinen Entwurf ein. Er beschreibt das Verfahren so: »Ich nehme mir diesem Zwecke zu Folge die Freiheit, einzelne Theile, welche an einem wirklich gefundenen Gegenstande gemein und ohne Character stehen, gegen andere an dem selben Ort gefundene bessere zu vertauschen, um dadurch an dem einen Gegenstand das Interesse zu vermehren.«

Blickfang ist ein Turm mit flachem Zeltdach auf der Rückseite des Gärtnerhauses. Dieses dominiert mit seinem flachen Satteldach die Hauptfront zum Park. Rechts schließt sich ein niedrigeres Bauteil mit Pultdach an, links leitet eine große Laube über zum Gärtnergehilfenhaus. Unter der Pergola mit Weinranken lädt ein Sitzplatz ein, den antike Schmuckteile aus der Sammlung des Kronprinzen zieren. Neben den Stufen hat sich der Bauherr ein kleines, ironisch gemeintes Denkmal gesetzt: Ein römischer Sarkophag wird bewässert von einem wasserspeienden Butt – das war der Spitzname, den man ihm in seiner Jugend gegeben hatte.

»So bildet diese Anlage ein malerisch-gruppirtes Ganze«, schreibt Schinkel, »welches mannigfaltige angenehme Ansichten,

Im Maschinenteich spiegelt sich der Teepavillon, den Schinkel nach einem Vorbild aus der griechischen Antike entwarf. Links davon erkennt man einen der beiden tempelartigen Baldachine für die Porträts des preußischen Königspaares.

heimliche Ruheplätzchen, behagliche Zimmer und offene Räume für den Genuß des Landlebens darbietet, und seiner Natur nach immer fortgesetzter Ausdehnung und Bereicherung fähig ist, so daß daran ein unausgesetztes Vergnügen der Production vorbehalten bleibt.«

Tatsächlich wurde das Gärtnerhaus über die Jahre durch Anbauten erweitert, zum Teil nach Ideen und Skizzen des Kronprinzen und umgesetzt vom Bauleiter Ludwig Persius. Es war dieser Schinkel-Schüler, der später nach dem Muster des Gärtnerhauses weitere Häuser in Potsdam baute und es dadurch zum Vorbild für den Villenstil der Stadt machte.

Zunächst entstand nach Süden, direkt am Maschinenteich, der Teepavillon nach einem griechischen Vorbild aus dem Buch »Antiquities of Athens« von James Stuart und Nicholas Revett.

Inspiriert von italienischen Landhäusern entwarf Schinkel Gärtnerhaus und Römische

Bäder. Das Ensemble hatte großen Einfluss auf die Potsdamer Villenarchitektur.

Impressionen aus dem ländlichen Italien: Im Innenhof des Ensembles steht unter anderem die Skulptur eines tanzenden Fauns. Verfärbter oder bröckelnder Putz stören hier nicht – sie passen ins Bild.

Dieser eröffnet Ausblicke nach drei Seiten und ist ausgestattet in Blau-Weiß mit großen Sofas, die orientalische Einflüsse zeigen. Auf der Rückseite des Teepavillons ließ Friedrich Wilhelm IV. einen kleinen Gedächtnisgarten für seine Eltern anlegen. Unter zwei tempelartigen Baldachinen stehen Porträtbüsten der einstigen Regenten.

In der Mitte des rechteckigen Gartenhofes sprudelt eine Fontäne, an der Nordseite wird er begrenzt von einer Arkade, die im Winter verglast werden konnte, um als Orangerie zu dienen. Erst ab 1839 entstanden dahinter Baderäume, die von den damals ausgegrabenen Ruinen Pompejis inspiriert sind. Die Abfolge der Räume orientiert sich an antiken Vorbildern. Den Auftakt bildet das in Rot gehaltene Atrium, ein Empfangsraum mit Skulpturen von Dionysos und Apoll, einer Schmuckwanne aus grünem Jas-

Das Atrium des Badetraktes dominiert eine Schmuckwanne aus grünem Jaspis, dahinter stehen Skulpturen von Dionysos und Apoll. Die Wandgemälde zeigen Ideal-unsichten von Neapel.

pis, ein Geschenk des russischen Zaren Nikolaus I. für seinen Schwager Friedrich Wilhelm IV., und Wandgemälden, die Ide-alansichten von Neapel zeigen. Es folgt das reiche ausgemalte Im-pluvium mit dem nach oben offenen Dach, durch das Regenwas-ser in ein Sammelbecken fallen kann; dann das Caldarium, ein Raum mit Fußbodenmosaiken nach pompejanischen Vorbildern und einem halbrunden Badebecken, das dominiert wird von vier Marmorkaryatiden, die denen vom Erechtheion auf der Athener Akropolis gleichen. Das Viridarium ist ein mit immergrünen Pflanzen angelegter Gartenhof. Gebadet wurde in diesen Räu-men allerdings nie, es ist ein eher museal gedachtes Ensemble zur Erinnerung an die Italienreise des Kronprinzen. Wirklich genutzt wurde nur der grüne Billardraum, ein Spielzimmer für kühlere Tage, das allerdings mit den antiken Vorbildern nichts zu tun hat.

BIOGRAFIE

1781	am 13. März wird Karl Friedrich Schinkel in Neuruppin/ Brandenburg geboren
1792	Besuch des dortigen Gymnasiums
1794	Umzug nach Berlin, Besuch des Gymnasiums zum Grauen Kloster
1797	Regierungsantritt König Friedrich Wilhelms III.
1798	Ausbildung bei David und Friedrich Gilly
1800	Entwurf des Pomonatempels
1803–1805	erste Italienreise
1804	Gründung der Königlichen Eisengießerei in Berlin
1806	Napoleon im besetzten Berlin
1807	Schinkel präsentiert erste Schaubilder
1809	Heirat mit Susanne Berger in Stettin
1810	erste Anstellung: Geheimer Oberbau-Assessor
1811	Ordentliches Mitglied der Berliner Akademie der Künste
1813	Gemälde »Gotischer Dom am Wasser«
1814–1815	Entwurf eines Doms als Denkmal für die Befreiungs- kriege
1816	Bühnenbilder für die »Zauberflöte«, Auftrag für die Neue Wache, erste Besichtigung des unvollendeten Kölner Doms
1817	Bebauungsplan für das Zentrum Berlins
1818	Entwurf des Schauspielhauses am Gendarmenmarkt
1819	Planung der Schlossbrücke, erstes Heft der »Sammlung Architektonischer Entwürfe«, Bericht über die Wieder- herstellung der Marienburg
1821	Entwürfe für die Friedrichswerdersche Kirche
1822	Entwurf des Museums am Lustgarten und des Jagd- schlosses Antonin
1824	zweite Italienreise, Planung für Schloss Glienicke und den Pavillon im Schlosspark Charlottenburg
1825	Entwurf des Leuchtturms auf Kap Arkona, Gemälde »Blick in Griechenlands Blüte«
1826	Reise nach Frankreich, England und Schottland, Entwürfe für Schloss Charlottenhof, die Potsdamer Nikolaikirche und das Rathaus von Kolberg
1828	Entwürfe für Berliner Vorstadtkirchen

1829	Entwürfe für ein Palais des Prinzen Wilhelm, Plan für den neuen Packhof
1830	mit der Familie in Oberitalien, Berufung zum Leiter der Oberbaudeputation, Entwurf der Altstädtischen Hauptwache in Dresden
1831	Entwurf der Bauakademie
1832–1836	vermehrte Dienstreisen: Schlesien, Sachsen, Westfalen, Rheinland, Ostpreußen, Vorpommern
1834	Plan für einen Palast auf der Athener Akropolis
1835	Entwurf einer neuen Bibliothek, Plan für eine ideale Fürstenresidenz
1837	August Borsig gründet Maschinenbauanstalt in Berlin
1838	Entwurf für Schloss Orianda auf der Krim
1839	erste preußische Eisenbahn Berlin-Potsdam
1840	im Juni stirbt König Friedrich Wilhelm III., im September verliert Schinkel das Bewusstsein
1841	am 9. Oktober stirbt Karl Friedrich Schinkel in seiner Dienstwohnung in der Bauakademie und wird drei Tage später auf dem alten Dorotheenstädtischen Friedhof begraben
1843	Umbettung auf den Friedhof an der Chausseestraße

LITERATUR

Büchel, Wolfgang: Karl Friedrich Schinkel, Reinbek bei Hamburg 1994

Forssman, Erik: Karl Friedrich Schinkel. Bauwerke und Baugedanken, München/Zürich 1981

Forssman, Erik; Iwers, Peter: Karl Friedrich Schinkel. Seine Bauten heute, Dortmund 1990

Haus, Andreas: Karl Friedrich Schinkel als Künstler, München/Berlin 2001

Pundt, Hermann G.: Schinkels Berlin, Frankfurt/Berlin/Wien 1981

Schinkel, Karl Friedrich: Sammlung Architektonischer Entwürfe, Reprint, Nördlingen 2005

Schinkel-Zentrum der Technischen Universität Berlin (Hg.): Karl Friedrich Schinkel. Führer zu seinen Bauten, 2 Bd., München/Berlin 2008

Senat von Berlin (Hg.): Karl Friedrich Schinkel. Werke und Wirkungen, Ausstellungskatalog, Berlin 1981

Snodin, Michael (Hg.): Karl Friedrich Schinkel. A Universal Man, Ausstellungskatalog, New Haven/London 1991

Staatliche Museen zu Berlin/Hauptstadt der DDR (Hg.): Karl Friedrich Schinkel. 1781–1841, Ausstellungskatalog, Berlin 1980

Staatliche Museen zu Berlin (Hg.): Karl Friedrich Schinkel. Geschichte und Poesie, Ausstellungskatalog, München 2012

Steffens, Martin: K. F. Schinkel. 1781–1841. Ein Baumeister im Dienste der Schönheit, Köln u. a. 2003

Trempler, Jörg: Karl Friedrich Schinkel. Baumeister Preußens, München 2012

Welzbacher, Christian: Schinkel als Mythos. Kanonisierung und Rezeption eines Klassikers – 1841 bis heute, Berlin/München 2012

Zadow, Mario: Karl Friedrich Schinkel, Berlin 1980

Frei recherchierbar im Internet ist unter dem Titel »Das Erbe Schinkels« eine Datenbank der Staatlichen Museen zu Berlin mit mehr als 6000 Aquarellen, Gouachen, Zeichnungen und druckgraphischen Blättern des Architekten aus dem Bestand des Kupferstichkabinetts: www.smb.museum/schinkel

Bis heute fortgesetzt wird die vielbändige Buch-Reihe »Karl Friedrich Schinkel: Lebenswerk«, begründet von Paul Ortwin Rave, hrsg. von Helmut Börsch-Supan und Gottfried Riemann, 21 Bände, Berlin/München 1939–2011

1. Kania, Hans: Potsdam, Staats- und Bürgerbauten (1939)
2. Grundmann, Günther: Schlesien (1941)
3. Rave, Paul Ortwin: Berlin. Bauten für die Kunst, Kirchen, Denkmalpflege (1942)
4. Sievers, Johannes: Bauten für den Prinzen Karl (1942)
5. Rave, Paul Ortwin: Berlin. Stadtbaupläne, Straßen, Brücken, Tore, Plätze (1948)
6. Sievers, Johannes: Die Möbel (1950)
7. Vogel, Hans: Pommern (1952)
8. Sievers, Johannes: Bauten für die Prinzen August, Friedrich und Albrecht von Preußen (1954)
9. Sievers, Johannes: Bauten für den Prinzen von Preußen (1955)
10. Kania, Hans; Möller, Hans-Herbert: Mark Brandenburg (1960)
11. Rave, Paul Ortwin: Berlin. Bauten für Wissenschaft, Verwaltung, Heer, Wohnbau und Denkmäler (1962)

12. Brües, Eva: Die Rheinlande (1968)
13. Schreiner, Ludwig: Westfalen (1969)
14. Peschken, Goerd: Das architektonische Lehrbuch (1979)
15. Kühn, Margarete: Ausland. Bauten und Entwürfe (1989)
16. Wegner, Reinhard: Die Reise nach Frankreich und England im Jahre 1826 (1990)
17. Harten, Ulrike; Börsch-Supan, Helmut; Riemann Gottfried: Die Bühnenentwürfe (2001)
18. Börsch-Supan, Eva: Die Provinzen Ost- und Westpreußen und Großherzogtum Posen (2003)
19. Koch, Georg Friedrich; Börsch-Supan, Helmut; Riemann, Gottfried: Die Reisen nach Italien. 1803–1805 und 1824 (2006)
20. Börsch-Supan, Helmut; Riemann, Gottfried: Bild-Erfindungen (2007)
21. Börsch-Supan, Eva: Arbeiten für König Friedrich Wilhelm III. von Preußen und Kronprinz Friedrich Wilhelm (2011)

BILDNACHWEIS

Umschlagvorderseite: Erik-Jan Ouwerkerk

Frontispiz: akg-images/Urs Schweitzer

Übersichtskarten   S. 32/33, 82/83, 104/105: igeldesign, Franz-Josef Domke

akg-images   S. 15, 16/17, 20/21

akg-images/Bildarchiv Monheim   S. 78/79

akg-images/Erich Lessing   S. 37, 68/69

bpk S. 11

bpk/Kupferstichkabinett, SMB/Jörg P. Anders   S. 8/9, 23, 26/27, 62, 115 (unten), 118

bpk/Kupferstichkabinett, SMB/Volker-H. Schneider   S. 18, 34/35

bpk/Michael Sobotta   S. 71

bpk/Zentralarchiv, SMB   S. 13

Rainer Haubrich   S. 91

KPM Königliche Porzellan-Manufaktur Berlin   S. 31 (Schinkel-Korb)

Dirk Laubner   S. 130/131

Erik-Jan Ouwerkerk   S. 6, 29, 38/39, 41, 47, 51 (oben), 51 (unten), 55, 56/57, 59, 61, 67, 73, 81, 87, 88, 89, 95, 103 (unten), 108, 113, 119, 123

Thomas Riederer/Terra lumi Historische Außenleuchten S. 31 (Leuchte)

DER AUTOR

Rainer Haubrich (geb. 1965) zählt zu den profilier-
testen deutschen Architekturkritikern. Er studierte
Geschichte, Kunstgeschichte und Politikwissenschaft
in Bonn und Berlin und arbeitete als freier Fernseh-
autor und Publizist. Für seinen Essay »Berlin ist nicht
Paris« in der Süddeutschen Zeitung erhielt er 1996
den Deutsch-Französischen Journalistenpreis.

1998 wurde er Architekturkritiker der WELT und leitete von 2005 an
deren Feuilleton. Seit 2010 ist er stellvertretender Ressortleiter Meinung
von WELT und WELT am SONNTAG.

Seine Bücher wurden Klassiker ihres Genres: »Berlin. Gestern Heute
Morgen« (1997), »Unzeitgemäß. Traditionelle Architektur in Berlin«
(1999), »Berlin. Der Architekturführer« (mit Hoffmann/Meuser, 2001;
englische Version 2006) und »Das neue Berliner Schloss. Von der
Hohenzollernresidenz zum Humboldt-Forum« (2011).